EXTREME BARS

TECTUM
PUBLISHERS

2 CONTENTS
4 INTRODUCTION

LOCATION

8   TREE BAR
10 UNDERWATER BAR
16 SKYSCRAPER BAR
20 UNDERGROUND CLUB
24 SEACAVE BAR & CLUB
26 ICE BAR
32 CANAL PUB
34 ROOF GARDEN NIGHTCLUB
40 LAVA BAR

Tectum Publishers of Style

© 2008 Tectum Publishers NV
Godefriduskaai 22
2000 Antwerp
Belgium
info@tectum.be
p +32 3 226 66 73
f +32 3 226 53 65
www.tectum.be
ISBN: 978-90-76886-66-4
WD: 2008/9021/19
(63)

AUTHOR
Birgit Krols

ENGLISH TRANSLATION
Alison Lacy

FRENCH TRANSLATION
Manuela Hollanders

DESIGN
Gunter Segers

TRANSPORTATION

46 FLOATING BAR
52 MOBILE SMOOTHIE BAR
54 OBSERVATION WHEEL BAR
58 GIANT PARTY LIMO
62 CYCLING BAR

INTERIOR DESIGN

66   WINE TOWER BAR
70   BEAUTY BAR
72   AQUARIUM BAR
76   A CLOCKWORK ORANGE BAR
80   CHAMPAGNE GLASS BAR
84   MEDICINE CLUB
90   KITCHEN CLUB
94   ZEN CLUB
96   SYMBIOTIC CLUB
100 BAROQUE CLUB

E BARS

ARCHITECTURE

138 CHURCH BAR
140 WAR MONUMENT CLUB
148 BRIDGE BAR
154 HANGING BAR
162 LIGHT CLUB
166 GLASS BOX CAFE
170 PUSH BUTTON HOUSE BAR
172 ARCHITECTURAL PAVILION
176 INFLATABLE PUB
178 WHARF WAREHOUSE BAR
184 INFLATABLE BAR

ENTERTAINMENT & SERVICE

104 VIRTUAL BAR
108 DO-IT-YOURSELF PUB
110 WORLD'S SMALLEST NIGHTCLUB
112 PRIVATE ROOM CLUB
116 CAMERA BAR
122 SCIENTIST CAFE
126 iCLUB
132 WATER CLUB

188 EPILOGUE
192 ACKNOWLEDGEMENTS

INTRODUCTION

In the business world, there is no sector as innovative and transient as the nightlife scene. New pubs and clubs pop up overnight and those who wish to get a head start on the competition need to come up with something original. The 43 bars, cafés, pubs and clubs in this book really understood this. Each one stands out from the crowd whether due to their beautiful location, original interior, staggering architecture, unusual service or high amusement value. In our selection, we have paid particular attention to the authenticity of the idea, originality of execution and quality of service. So do not expect themed bars and clubs with branches all over the world but prepare yourself for some of the world's most unique café, bar and club concepts.

The bars, clubs, pubs and cafés selected in this book have been divided into 5 chapters. In the first chapter, "Location", you will find places categorised by their habitat, such as a tree bar, an underwater bar, ice bars and a secret roof garden club. "Transportation" delves into vehicles that have been converted into bars, such as a floating bar, a mobile juice bar, a gigantic party limo and a bicycle bar. The "Interior Design" chapter reveals businesses that stand out because of their unique decor, such as a bar in the shape of a champagne glass, a kitchen club, a beauty salon bar and a bar with the world's largest cylindrical aquarium as a centre piece. The "Entertainment & Service" chapter is dedicated to bars, pubs and clubs that offer unique services or provide unusual amusement, such as a do-it-yourself pub, a club that rents room with room service provided, an interactive club and a camera bar. And finally, "Architecture" focuses on places that cause a stir because of how they look, such as an inflatable pub, a floating bar, a club otherwise known as a war monument and a shipyard.

Just as with *Extreme Hotels* and *Extreme Restaurants*, you can assume that in this book you will find some places are aimed at a well-to-do, elite public, while everyone is welcome at others. Expensive or not, amongst this book's extensive selection you are sure to find something to your taste, whether you are looking for a location for a unique party or just for something to talk about next time you go to the pub.

Dans le monde des affaires, aucun secteur n'a été aussi changeant et éphémère que celui des sorties. Cafés et clubs poussent partout comme des champignons et pour prendre le pas sur la concurrence, rien ne vaut l'originalité. Chacun des 43 bars, cafés, pubs et clubs recensés dans ce livre a bien intégré cela. Il sort du lot par son emplacement incroyable, l'originalité de son aménagement intérieur, son architecture spectaculaire, un service surprenant ou sa capacité à vous divertir. Notre sélection est basée sur l'authenticité de l'idée, l'originalité du résultat et la qualité des services offerts. Ne vous attendez donc pas à retrouver des bars à thème ou des clubs ayant des filiales dans le monde entier. Préparez-vous à découvrir quelques-uns des concepts les plus uniques...

Les bars, clubs, pubs et cafés sélectionnés dans ce livre sont classés en cinq chapitres. Dans le premier, *Location*, vous découvrirez des lieux caractérisés par leur biotope comme un bar sous-marin, ou dans un arbre, la glace, un jardin suspendu. *Transportation* explore les moyens de transport convertis en lieux de vie comme ce bar flottant, un bar à jus mobile, une gigantesque limousine de fête, ou un cyclo-bar. Le chapitre *Interior Design* présente des établissements qui se démarquent par un aménagement intérieur exceptionnel tel ce bar en forme de coupe à champagne, un club-cuisine, un bar salon de beauté, ou encore un bar proposant en son centre l'aquarium cylindrique le plus grand du monde. *Entertainment & Service* est dédié lieux offrant des services uniques ou proposant des divertissements inhabituels tels qu'un bar do-it-yourself, un club qui loue des chambres avec service d'étage, un club interactif et un bar camera. Enfin, *Architecture* focalise sur les lieux dont l'apparence étonne tel ce club gonflable, ce bar oscillant, ou cet autre bar de chantier naval.

Tout comme dans l'ouvrage *Extreme Restaurants*, certains établissements se destinent à un public élitiste et fortuné tandis que d'autres accueillent tout le monde. Chers ou non, dans cette vaste sélection, vous trouverez immanquablement un établissement à votre goût, que vous cherchiez un lieu pour une fête exceptionnelle ou simplement un sujet de conversation pour votre prochain déjeuner.

In de bedrijvenwereld is er geen enkele sector die zo vernieuwend én vergankelijk is als de uitgaansscène. Nieuwe kroegen en clubs schieten als paddenstoelen uit de grond, en wie een voorsprong wil nemen op de concurrentie, kan maar beter origineel uit de hoek komen. De 43 bars, cafés, pubs en clubs in dit boek hebben dat goed begrepen. Stuk voor stuk steken ze uit boven de middenmoot, zij het omwille van de prachtige locatie, het originele interieur, de verbluffende architectuur, de verrassende bediening of de hoge amusementswaarde. Bij de selectie hebben we vooral gelet op de authenticiteit van het idee, de originaliteit van de uitwerking en de kwaliteit van de aangeboden diensten. Verwacht je dus niet aan themabars en -clubs met filialen over de hele wereld, maar bereid je voor op enkele van 's werelds meest unieke café-, bar- en clubconcepten.

De geselecteerde bars, clubs, pubs en cafés in dit boek zijn onderverdeeld in 5 hoofdstukken. In het eerste hoofdstuk, "Location", vind je zaken terug die bepaald worden door hun biotoop, zoals een boombar, een onderwaterbar, ijsbars en een geheime daktuinclub. "Transportation" gaat dieper in op vervoermiddelen die werden omgebouwd tot bars, zoals een drijvende bar, een mobiele sapjesbar, een gigantische partylimo en een fietsbar. Hoofdstuk "Interior Design" toont zaken die eruit springen omwille van hun unieke decor, zoals een bar in de vorm van een champagneglas, een keukenclub, een schoonheidssalonbar en een bar met 's werelds grootste cilindrische aquarium als middelpunt. Hoofdstuk "Entertainment & Service" is gewijd aan bars, pubs en clubs die unieke diensten aanbieden of voor ongewoon amusement zorgen, zoals een doe-het-zelf-pub, een club die kamers inclusief room service verhuurt, een interactieve club en een camera bar. "Architecture", tenslotte, focust op zaken die opzien baren omwille van hun uitzicht, zoals een opblaasbare pub, een zwevende bar, een club alias oorlogsmonument en een scheepswerfbar.

Net als bij *Extreme Hotels* en *Extreme Restaurants*, kan je er ook in dit boek van uitgaan dat sommige zaken mikken op een welgesteld, elitair publiek, terwijl bij andere iedereen welkom is. Duur of niet, in de uitgebreide selectie van dit boek vind je ongetwijfeld je gading, of je nu op zoek bent naar een locatie voor een uniek feestje of gewoon uit bent op gesprekstof voor je volgende cafébezoek.

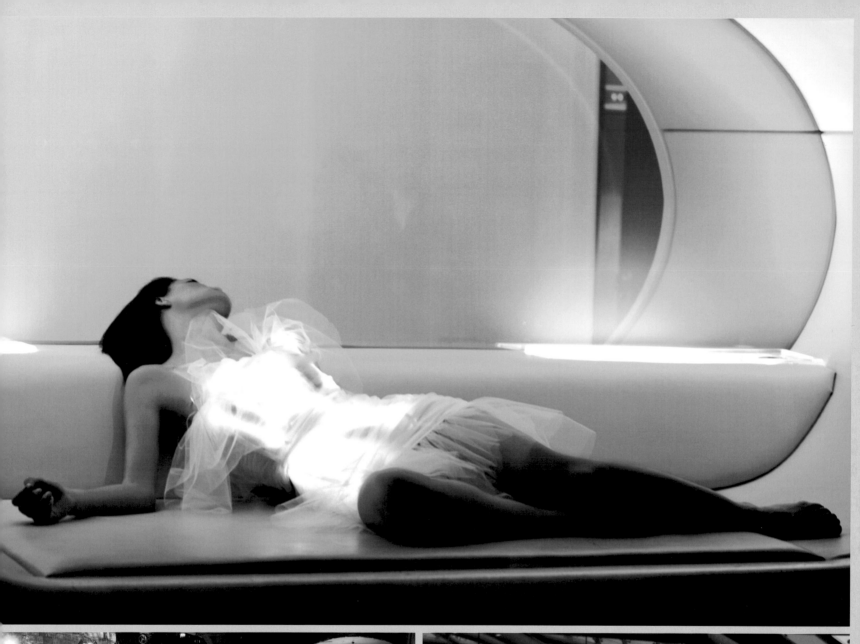

LOCATION

TREE BAR SOUTH AFRICA

The world's largest tree

The Sunland Big Baobab in South Africa with a diameter of 47 metres is not only the largest known Baobab in the world, it is also the world's only tree bar. Baobabs are renowned because they can easily live for 2,000 years but this 22 metre high example is 6,000 years old - which is enough for it to acquire the title of the world's oldest living object. In 1993, when Sunland Farm owners Doug and Heather Van Heerden peered inside the trunk they found a 4 metre high hollow space. The Van Heerdens built a bar and benches out of railway sleepers, installed a tap, electricity and a sound system, they also built in a second room as a wine cellar. The result is a bar that accommodates 60 people and 2 owls and spreads a canopy of leaves every spring.

Le *Sunland Big Baobab* en Afrique du Sud, d'une circonférence de 47 mètres, n'est pas seulement catalogué comme le plus grand Baobab au monde, il est également le seul "arbre bar" du monde. Les baobabs sont connus pour leur longévité et peuvent facilement vivre 2 000 ans. Celui qui nous intéresse, haut de 22 mètres, serait âgé de 6.000 ans, méritant ainsi le titre de plus ancien être vivant au monde. Lorsqu'en 1993 Doug et Heather Van Heerden, les propriétaires de Sunland Farm, ont ouvert le tronc, ils y ont découvert une cavité de 4 mètres de haut. Ils y ont construit un bar et des bancs avec des billes de chemin de fer, installé l'électricité, une pompe, un système audio, et aménagé une cave à vins dans un espace séparé. Il en résulte un bar pouvant accueillir 60 personnes, 2 hiboux, et qui, à chaque printemps, se couvre de feuilles.

De Sunland Big Baobab in Zuid-Afrika staat met zijn omtrek van 47 meter niet enkel geboekstaafd als de grootste Baobab ter wereld; hij doet tevens dienst als 's werelds enige boombar. Baobabs staan erom bekend dat ze makkelijk een leeftijd van 2.000 jaar kunnen bereiken, maar dit 22 meter hoge exemplaar zou zo'n 6.000 jaar oud zijn -wat volstaat voor het verwerven van de titel van 's werelds oudste levende object. Toen Sunland Farm-eigenaars Doug en Heather Van Heerden in 1993 de stam open kerfden, bleek zich daar een 4 meter hoge holle ruimte in te bevinden. De Van Heerdens bouwden een bar en banken uit treinbielzen, installeerden een tap, elektriciteit en een muzieksysteem, en richtten een tweede ruimte in als wijnkelder. Het resultaat is een bar die plaats biedt aan 60 mensen en 2 uilen, en die elke lente uitgebreid in blad schiet.

The tree's walls are 2 metres thick and it is so broad that it takes 40 adults to encircle it. Every year more than 7,000 tourists enjoy a drink in the tree bar, some of whom combine it with a stay at Sunland Farms.

L'arbre présente une épaisseur de murs de 2 mètres et est si large qu'il faut 40 adultes pour l'encercler. Chaque année, quelque 7 000 touristes viennent prendre un verre dans cet "arbre bar", indépendamment d'un séjour à Sunland Farms.

De boom heeft 2 meter dikke wanden en is zo breed dat er 40 volwassenen aan te pas komen om hem te omcirkelen. Jaarlijks genieten meer dan 7.000 toeristen van een drankje in de boombar, al dan niet gekoppeld aan een verblijf op de Sunland Farms.

BAOBAB TREE BAR – P.O. Box 703, Modjajiskloof, Limpopo, South Africa - +27 (015) 309 9039 - baobabbars@mweb.co.za - www.bigbaobab.co.za

UNDERWATER
BAR ISRAEL

Scuba diving without getting wet

Ayala Serfaty, a designer of aquatic inspired furniture and light objects, was 4 months pregnant when she got the idea, whilst snorkelling, to create an underwater world in the Red Sea. "If the reef was soft," she thought, "and you could be weightless there, it would feel like being in the womb." With the help of architect Sefi Kiryaty, marine engineer Moshe Drimmer and diving instructor Ami Ben Zvi, her dream was made a reality. The Red Sea Star developed into an Israeli underwater attraction made of over 6,000 tons of steel and concrete, on three levels: a structural base, an underwater bar and restaurant in the shape of a star with 62 windows and an entrance area above water, under a winglike roof, with a lobby, dance bar, auditorium, offices, kitchens and toilets. The complex is accessible via a 70 metre long footbridge.

Ayala Serfaty, créatrice de meubles aquatiques et objets lumineux était enceinte de quatre mois lorsque, en plongeant au tuba, elle eut l'idée de créer un monde sous-marin en Mer Rouge. "Si le récif était doux, pensa-t-elle, et que vous puissiez y être en apesanteur, vous vous sentiriez comme dans le ventre maternel". Avec l'aide de l'architecte Sefi Kiryaty, l'ingénieur Moshe Drimmer et l'instructeur de plongée Ami Ben Zvi, ce rêve est devenu réalité. Le *Red Sea Star* est devenu, en Israël, une attraction sous-marine faite de 6.000 tonnes d'acier et de béton. Il est formé de trois parties: une base structurelle, un bar et un restaurant sous-marin en forme d'étoile percé de 62 fenêtres et une partie émergée comprenant un lobby, un bar dansant, un auditorium, les bureaux, les cuisines et les toilettes. On rejoint le complexe par un ponton long de 70 mètres.

Ayala Serfaty, ontwerpster van aquatisch geïnspireerde meubelen en lichtobjecten, was 4 maanden zwanger toen ze al snorkelend het idee kreeg om een onderwaterwereld te creëren in de Rode Zee. "Als het rif zacht zou zijn," dacht ze, "en je kon er gewichtloos in rondwaren, zou het aanvoelen als in een baarmoeder." Met de hulp van architect Sefi Kiryaty, marine-ingenieur Moshe Drimmer en duikinstructeur Ami Ben Zvi werd haar droom werkelijkheid. De Red Sea Star groeide uit tot een Israëlische onderwaterattractie van meer dan 6.000 ton staal en beton die bestaat uit 3 delen: een structurele basis, een onderzeese bar en restaurant in de vorm van een ster met 62 ramen, en een gevleugeld inkomgedeelte boven water met een lobby, dansbar, auditorium, kantoren, keukens en toiletten. Het complex is bereikbaar via een 70 meter lange loopbrug.

RED SEA STAR – UNDERWATER OBSERVATORY, EILAT, ISRAEL - + 972 (0)8 634 7777 - WWW.REDSEASTAR.COM

Sea life in the area had been damaged by pollution before the bar was built.
The construction of a coral nursery and the introduction of starfish and sponges
restored the balance and enticed fish to return.

*Avant la construction, la faune sous-marine souffrait de la pollution. L'installation
d'une barrière de corail et l'introduction d'étoiles de mer et d'éponges ont permis
de restaurer l'équilibre marin et d'attirer à nouveau les poissons.*

*Vóór de bouw was het zeeleven aangetast door vervuiling. De aanleg van een
koraalkwekerij en de introductie van zeesterren en -sponzen herstelde het even-
wicht en lokte opnieuw vissen.*

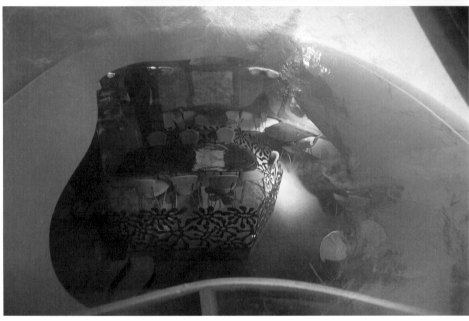

Some guests complain about feeling sea sick the first time they visit the bar situated 5 metres under the sea and need a little time to acclimatise.

A leur première visite au bar, situé à 5 mètres sous l'eau, certains clients disent ressentir le mal de mer et ont besoin d'un peut de temps pour s'acclimater.

Sommige gasten klagen bij een eerste bezoek aan de 5 meter onder zeeniveau gelegen bar over een gevoel van zeeziekte, en moeten even acclimatiseren.

SKYSCRAPER
BAR CHINA

The world's highest bar

At Cloud 9, the Grand Hyatt Hotel bar in Shanghai, you don't need to drink too much to imagine you've reached the dizzy heights: the world's highest bar is situated on the 87th floor of the tallest building in the People's Republic of China. The 'attic' of the Jin Mao Tower, a three dimensional structure formed by the flaming art deco crown of this skyscraper, consists of a maze of heavy columns, corner struts with stainless steel studs and curved polished chrome against a dark mahogany background. From behind the impressive glass wall that covers 2 floors, not only do you have a spectacular view over Shanghai but you can also enjoy creative cocktails, a large selection of champagnes and sparkling wines, Asiatic tapas, a heavenly dessert menu and live entertainment from your own table.

Au *Cloud 9*, le bar de l'hôtel Grand Hyatt Shanghai, nul besoin de boire beaucoup pour avoir l'impression de planer. Le bar le plus haut du monde se trouve au 87ème étage du plus grand immeuble de République Populaire de Chine. Le "grenier" de Jin Mao Tower est une structure tridimensionnelle à la forme d'une flamboyante couronne art déco, située au sommet du gratte-ciel. Il se compose d'un enchevêtrement de lourds piliers, des profilés anguleux aux rivets d'acier inoxydable et joints de chrome poli, sur un décor en acajou sombre.
D'impressionnantes baies vitrées sur deux étages offrent d'une vue spectaculaire sur Shanghai, tout en dégustant des cocktails créatifs. Le bar propose une large sélection de champagnes et vins, des tapas asiatiques, une somptueuse carte de desserts et un spectacle.

In Cloud 9, de bar van het Grand Hyatt Shanghai hotel, hoef je niet veel te drinken om je in hogere sferen te wanen: 's werelds hoogste bar bevindt zich op de 87ste verdieping van het hoogste gebouw in de Chinese Volksrepubliek. De "zolder" van de Jin Mao Tower, een drie-dimensionale structuur die gevormd wordt door de vlammende art deco kroon van deze wolkenkrabber, bestaat uit een doolhof van zware zuilen, hoekprofielen met roestvrij-stalen noppen en gebogen verbindingsstukken in gepolierd chroom tegen een donkere mahonie achtergrond. Van achter de indrukwekkende glazen wand die 2 verdiepingen beslaat, heb je niet enkel een spectaculair uitzicht over Shanghai, maar kan je ook genieten van creatieve cocktails, een grote selectie champagnes en schuimwijnnen, Aziatische tapas, een hemels dessertmenu en live amusement aan je eigen tafel.

CLOUD 9 – 87TH FLOOR GRAND HYATT SHANGHAI, JIN MAO TOWER, 88 CENTURY BOULEVARD, PUDONG, SHANGHAI, 200121, PEOPLE'S REPUBLIC OF CHINA, - + 86 21 5049 1234 - INFO.GHSHANGHAI@HYATT.COM - HTTP://SHANGHAI.GRAND.HYATT.COM

To reach Cloud 9, you take the lift from Lobby 54 to level 85 where 2
special lifts wait to take you all the way to the top.

*Pour rejoindre Cloud 9, il faut prendre l'ascenseur du Lobby 54 jusqu'au
85e niveau où deux autres ascenseurs vous emmènent au top.*

*Om Cloud 9 te bereiken, neem je in Lobby 54 de lift naar niveau 85, waar
2 speciale liften op je wachten om je helemaal naar de top te brengen.*

UNDERGROUND CLUB AUSTRIA

Walk this way

Mistakes made by city architects in the past can sometimes seem like blessings in disguise. The Babenberger Passage in Austria was designed in the 1960s to be a pedestrian subway under the busy junction between the Mariahilfer Strasse shopping street and the broad Ringstrasse Boulevard. However, the idea turned out to be a flop and the passage stood empty for many years, until it got a new lease of life as an underground nightclub. Club Passage has a unique character thanks to its bold structure with curved walls, niches, prismatic ceilings as well as the glass cubes filled with brightly lit cylinders above ground. The atmosphere is futuristic and the plastic design elements, combined with a high tech lighting system, give the impression that you are in a spaceship rather than what was once imperial capital city.

Les erreurs commises dans le passé par les architectes des villes peuvent parfois s'avérer bénéfiques. Le *Babenberger Passage* de Vienne a été construit au début des années 60 pour servir de tunnel piéton sous le carrefour très fréquenté de la rue commerçante *Mariahilfer* et du *Ring Boulevard*. Ce fut un échec et le passage resta vide de longues années jusqu'à ce qu'il renaisse sous forme d'une boîte de nuit. Le caractère unique du *Passage Club* provient de ses murs courbes, de ses niches, des plafonds aux découpes triangulaires, et des espaces cubiques vitrés se trouvant au-dessus, avec des cylindres fortement éclairés. L'atmosphère y est futuriste. La flexibilité du design combinée à la haute technologie du système d'éclairage vous donne l'impression de vous trouver dans un vaisseau spatial et non dans un lieu ordinaire dans une ancienne capitale impériale.

Fouten van stadsarchitecten uit het verleden kunnen later soms verhulde zegeningen blijken te zijn. De Babenberger Passage in Wenen werd begin de jaren '60 ontworpen als een voetgangerstunnel onder het drukke kruispunt van shopping-boulevard Mariahilfer Strasse en de brede Ringstrasse Boulevard. Het idee bleek echter een sof en de Passage stond jarenlang leeg, tot hij een nieuw leven kreeg als ondergrondse nachtclub. Passage Club heeft een uniek karakter dankzij de eigenzinnige structuur met ronde muren, nissen, prismatische plafonds en bovengrondse glazen kubussen met fel verlichte cilinders. De sfeer is futuristisch en de flexibele designelementen, gecombineerd met het hoogtechnologische verlichtingssysteem geven je de indruk dat je je in een ruimteschip bevindt in plaats van in een voormalige keizerlijke hoofdstad.

PASSAGE CLUB – BABENBERGER PASSAGE, BURGRING CORNER BABENBERGERSTRASSE, 1010 VIENNA, AUSTRIA - WWW.SUNSHINE.AT

Three bars encircle the central dance floor, while rows of easy chairs create lounge zones.

Trois bars entourent une piste de danse centrale, tandis que des zones lounge sont délimitées par des rangées de sièges confortables.

Drie bars omringen de centrale dansvloer, terwijl rijen gemakkelijke stoelen loungezones creëren.

SEACAVE BAR & CLUB SPAIN

A place of legends

This historic sea cave is a unique place, not only because of its location and scenery but also due to the opportunities it provides the visitor. During the day, the bar gives tourists the chance to enjoy a spectacular view of the Menorcan coast, to discover hidden corners or have a quiet drink; at night, a rousing party breaks out in the nightclub to the rhythm of the best techno beats. According to legend, the Cova was once the hiding place of Xoroi the Moor, a shipwrecked pirate who kidnapped a girl from the village. When the villagers discovered the cave years later, not only did they find the man and the girl but their three children too. The man and his eldest son jumped from the cliffs into the sea below. The inconsolable woman and her remaining sons were brought back to the village.

Cette grotte marine, emplie d'histoire, est un lieu unique. Non seulement du fait de sa localisation et de sa topographie mais également des possibilités qu'elle offre aux visiteurs. En journée, le bar permet aux touristes de profiter d'une vue spectaculaire sur la côte sud de Minorque, de découvrir des recoins cachés, ou de siroter tranquillement un verre. La nuit, la fête bat son plein dans la boîte de nuit, au rythme de la meilleure musique techno.
Selon la légende, *Cova* était autrefois le repaire de Xoroi de Moor, un pirate qui fit naufrage et kidnappa une jeune fille au village. Lorsque les villageois découvrirent la grotte, des années plus tard, ils trouvèrent l'homme et la fille mais également leurs trois enfants. L'homme et l'aîné des fils sautèrent du haut de la falaise. Son inconsolable veuve et ses autres enfants furent ramenés au village.

Deze zeegrot vol geschiedenis is een unieke plaats, niet alleen dankzij zijn locatie en topografie, maar ook door de mogelijkheden die hij de bezoeker biedt. Overdag geeft de bar de toerist de kans om te genieten van het spectaculaire uitzicht op de Menorcaanse zuidkust, om verborgen hoekjes te ontdekken of om rustig iets te drinken; 's nachts barst in de nachtclub een opzwepend feest los op het ritme van de beste technomuziek. Volgens de legende was de Cova ooit de schuilplaats van Xoroi de Moor, een piraat die schipbreuk leed en een meisje uit het dorp ontvoerde. Toen de dorpelingen de grot jaren later ontdekten, troffen ze er niet enkel de man en het meisje aan, maar ook hun 3 kinderen. De man en zijn oudste zoon sprongen van de kliffen naar beneden. De ontroostbare vrouw en haar andere zonen werden naar het dorp teruggebracht.

The Cova is a natural sea cave and can be reached by a white painted staircase along the cliffs from Cala 'n Porter. Cova d'en Xoroi is open from April to October. After which the weather conditions there are too severe.

De Cova est une grotte marine naturelle que l'on rejoint par un escalier peint de blanc, le long des falaises de Cala et Porter. Cova d'en Xoroi est ouvert d'avril à octobre, seule période où les conditions atmosphériques les permettent..

De Cova is een natuurlijke zeegrot en kan bereikt worden via een witgeschilderde trap langs de kliffen van Cala en Porter. Cova d'en Xoroi is open van april tot oktober. Daarna zijn de weersomstandigheden er te bar.

COVA D'EN XOROI – URB CALAN PORTER, ALAIOR, 07730, MENORCA, ISLAS BALEARES, SPAIN · +34 971 37 72 36 · COVA@COVADENXOROI.COM · WWW.COVADENXOROI.COM

ICE BAR WORLDWIDE

On the rocks

The coolest bars in the world are without doubt the ABSOLUT ICEBARS in London, Stockholm, Tokyo, Copenhagen and Jukkasjärvi. In an interior made entirely of ice you can enjoy ice cold drinks presented in glasses made of - what else could it be? - ice. This concept, developed in 1994 by ABSOLUT and the Swedish ICEHOTEL, took a new turn with the opening of ICEBAR LONDON, a flagship for the first stage of a worldwide launch. The idea of giving guests an unexpected ice experience is central to a concept that appeals to all senses, thanks to a focus on glamour and luxury jewellery.
To achieve this ABSOLUT called upon David & Martin, former jewellery designers to Karl Lagerfeld, who transformed the ice bar into a magical grotto filled with precious stones and precious metals.

Les *Absolut Icebars* de Londres, Stockholm, Tokyo, Copenhague et Jukkasjärvi figurent sans doute parmi les bars les plus cool du monde. Leur intérieur est entièrement fait de blocs de glace. Les boissons frappées sont servies dans des verres également taillés dans la glace. Ce concept, élaboré en 1994 par Absolut et l'hôtel suédois Ice hotel, a pris un nouveau tournant en avril 2008 avec l'ouverture de l'*Icebar London*, vaisseau amiral du groupe devenu mondial. Ce nouveau concept propose aux clients une expérience glaciale, qui réveille tous les sens et met l'accent sur le glamour et les bijoux de luxe. Absolut a donc fait appel aux ex-créateurs de bijoux de Karl Lagerfeld, David & Martin, qui ont transformé le bar de glace en grotte magique, taillé comme des pierres et des métaux précieux.

De coolste bars ter wereld zijn zonder twijfel de ABSOLUT ICEBARS in Londen, Stockholm, Tokyo, Kopenhagen en Jukkasjärvi. In een volledig uit ijs vervaardigd interieur kan je genieten van ijskoude drankjes geschonken in glazen gemaakt uit - hoe kan het ook anders? - ijs.
Dit concept, dat in 1994 ontwikkeld werd door ABSOLUT en het Zweedse ICEHOTEL, kreeg in april 2008 een nieuwe wending met de heropening van ICEBAR LONDON, het vlaggenschip in een eerste stadium van een wereldwijde herlancering. Centraal in het nieuwe concept staat het idee om gasten een onverwachte ijservaring te geven die alle zintuigen aanspreekt, dankzij een focus op glamour en luxejuwelen. Om dit te bereiken deed ABSOLUT beroep op juweliers en voormalige Karl Lagerfeld-ontwerpers David & Martin, die de ijsbar omtoverden in een tovergrot vol edelstenen en -metalen. .

ABSOLUT ICEBAR LONDON - 31-33 HEDDON STREET, LONDON, W1B 4BN, UNITED KINGDOM (AND ALSO IN STOCKHOLM, TOKYO, KOPENHAGEN AND JUKKASJÄRVI) - +44 (0)207 478 8910 -
WWW.ABSOLUTICEBARLONDON.COM - WWW.ABSOLUTICEBAR.COM

The interior, constructed using authentic Swedish ice, is rebuilt twice a year to guarantee returning visitors also enjoy a unique experience.

L'intérieur, sculpté dans de la glace suédoise est renouvelé deux fois par an afin de garantir aux visiteurs qui reviennent une expérience unique.

Het interieur, vervaardigd uit authentiek Zweeds ijs, wordt 2 maal per jaar vernieuwd om ook terug-kerende bezoekers een unieke ervaring te garan-deren.

CANAL PUB ᴜᴋ

A river runs through it

Pubs near a canal are not hard to find, but a place where the canal runs through the bar is unique. The Canalhouse pub first cropped up in the history books in 1796, when the 4 storey red brick building with a double gabled roof was used as a warehouse. After being partially destroyed by a gunpowder explosion in 1819, the building was rebuilt in 1890 and used as a canal museum. It has been a pub for 8 years, accommodating 280 people in the bar and 100 in the beer garden, with an extra function room for another 200 guests. A small bridge connects the bar to the bar room and those who own a canal boat can happily moor them inside. Although you do have to keep an eye on your beer consumption if you're planning to sail on!

Un pub bordant un canal, c'est assez courant. Mais un établissement traversé par un canal, c'est exceptionnel. Le pub *Canalhouse* naît en 1796. Le bâtiment de quatre étages en brique rouge et son double toit est alors utilisé comme entrepôt. En partie détruit en 1819 par une explosion de poudre à canon, il est reconstruit dès 1890 et exploité ensuite comme musée du canal. Depuis huit ans, il abrite un pub pouvant accueillir 280 personnes dans la salle du café et 100 personnes dans le "jardin de la bière". Un espace de réception peut accueillir 200 autres clients. Un petit pont relie le comptoir à la salle de café et celui qui possède un canot peut sans difficulté venir s'y arrimer. Mais surveillez votre consommation de bière si vous planifiez de poursuivre votre navigation!

Pubs in de buurt van een kanaal zijn er genoeg te vinden, maar een zaak met een kanaal dat door de gelagzaal loopt, is uniek. De Canalhouse pub duikt voor het eerst op in de geschiedenis in 1796, toen het 4 verdiepingen tellende gebouw in rode baksteen met dubbel puntdak gebruikt werd als warenhuis. Na in 1819 gedeeltelijk te zijn vernietigd door een buskruitexplosie, werd het pand in 1890 opnieuw opgebouwd en gebruikt als kanaalmuseum. Sinds 8 jaar is er een pub gevestigd die plaats biedt aan 280 mensen in de gelagzaal en aan 100 bezoekers in de biertuin, met een extra evenementenruimte voor nog eens 200 gasten. Een bruggetje verbindt de toog met de gelagzaal en wie over een kanaalboot beschikt, mag gerust binnen aanmeren. Hou wel even je bierverbruik in de gaten als je nog van plan bent om verder te varen!

The building itself is one of the most beautiful examples of canal architecture in Nottingham and retains many original features.

Le bâtiment en lui-même est l'un des plus beaux exemples d'architecture de canal de Nottingham. Il a conservé de nombreux éléments d'origine.

Het gebouw zelf is een van de mooiste voorbeelden van kanaalarchitectuur in Nottingham en bevat vele originele elementen.

CANAL HOUSE – 48-52 CANAL STREET, NOTTINGHAM, NG1 7EH, UNITED KINGDOM - +44 (0)115 955 5060 - CANALHOUSE@CASTLEROCKBREWERY.CO.UK - WWW.CASTLEROCKBREWERY.CO.UK/PUB-CANALHOUSE.HTML

ROOF GARDEN NIGHTCLUB UK

Urban rooftop oasis

Kensington Roof Gardens: a secret paradise, elevated above the bustle and noise of the British capital and within reach of the clouds. This stylish location, 30 metres above Kensington High Street, was created in 1938 by the owners of Derry and Tom's Department Store and has for the last 25 years been in the hands of the Virgin boss Sir Richard Branson. Europe's largest roof garden covering 6,000 m² on 2 levels is divided into Spanish, English and Tudor gardens and contains more than 70 mature trees, a pond populated by ducks and flamingos and a stream full of fish. The Tudor building accommodates a bar/restaurant and an exclusive nightclub, frequented by royalty and pop stars. There is an impressive view over the London skyline from practically everywhere in the garden and buildings.

Un paradis secret, surplombant le stress et le bruit de la capitale britannique, dans les cieux ? Il s'agit du *Kensington Roof Gardens*. Cet établissement de style, situé à 30 mètres au dessus de Kensington High Street, a été créé en 1938 par les propriétaires de *Derry & Tom's Department Store*. Depuis plus de 25 ans, il est aux mains du célèbre patron de *Virgin*, Sir Richard Branson. Le plus grand jardin suspendu d'Europe déploie ses 6 000m² sur deux étages. Il se divise en trois jardins: un espagnol, un anglais et un Tudor, comprenant plus de 70 arbres adultes, un étang peuplé de canards et de flamands roses, et un cours d'eau rempli de poissons. Le bâtiment Tudor abrite un bar restaurant et une boîte de nuit exclusive fréquentée par la royauté et les chanteurs pop. D'où que l'on se trouve, dans les jardins et les bâtiments, on bénéficie d'une vue impressionnante sur Londres.

Een geheim paradijs, verheven boven de drukte en het lawaai van de Britse hoofdstad en op reik-afstand van de wolken: dat zijn de Kensington Roof Gardens. Deze stijlvolle locatie op 30 meter boven Kensington High Street werd in 1938 gecreëerd door de eigenaars van Derry and Tom's Department Store, en is intussen al meer dan 25 jaar in handen van Virgin-baas Sir Richard Branson. Europa's grootste daktuin omvat 6.000m² en 2 verdiepingen, is onderverdeeld in een Spaanse, een Engelse en een Tudortuin, en bevat meer dan 70 volwassen bomen, een vijver bevolkt door eenden en flamingo's, en een stroom vol vis. Het Tudorgebouw biedt onderdak aan een bar/restaurant en een exclusieve nachtclub, die bezocht wordt door royalty en popsterren. Van vrijwel overal in de tuinen en het gebouw heb je een indrukwekkend uitzicht over de Londense skyline.

THE ROOF GARDENS — 6TH FLOOR, 99 KENSINGTON HIGH STREET, LONDON W8 5SA, UNITED KINGDOM - +44 (0)20 7368 3993 - WWW.VIRGIN.COM/ROOFGARDENS

This location - one of London's best kept secrets - is rarely visited by tourists and is accessed by a door in Derry Street marked "99 Kensington High Street".

Ce lieu, l'un des secrets les mieux gardés de Londres, est rarement visité par les touristes. On y parvient par une porte dans Derry Street portant la mention 99 Kensington High Street.

De locatie -een van Londens best bewaarde geheimen- wordt nauwelijks bezocht door toeristen en kan betreden worden via een deur in Derry Street met de vermelding "99 Kensington High Street".

The gardens are a protected monument and are open to the public except during private parties and on club nights. Information about this can be verified on the website.

Les jardins classés sont ouverts au public, sauf lors de fêtes privées et de soirées organisées par le club. Les dates de ces événements sont indiquées sur le site.

De tuinen vormen een beschermd monument en zijn open voor het publiek behalve tijdens privéfeesten en op clubavonden. Deze data kan je checken op de website.

LAVA BAR SPAIN

Volcanic vision

The Jameos del Agua grotto complex in Lanzarote is part of a 6 kilometre long lava tunnel that was formed when the La Corona volcano erupted 3,000 years ago. The name 'Jameo' refers to the openings that appeared when part of the tunnel's ceiling collapsed under the pressure of volcanic gases. A spiral staircase takes you into Jameo Chico, a cave that was transformed by designer Cesare Manrique into a bar/nightclub, which also includes a marble dance floor. From there a 100 metre long path leads you past a crystal clear underground lake to steep stone steps that access the Jameo Grande, a gigantic open air grotto filled with exuberant tropical fauna, an enchanting turquoise swimming pool and a second bar with views over all this beauty. The auditorium, which was built in a section of the tunnel that leads to the ocean, plays host to unique concerts.

Les grottes de *Jameos del Agua*, à Lanzarote, font partie d'un tunnel de lave de six kilomètres de long qui s'est formé, voici 3 000 ans, lorsque le volcan La Corona est entré en éruption. Le mot Jameo fait référence aux trous qui se sont créés lorsque certaines parties de la surface ont cédé sous la pression des gaz volcaniques. On pénètre dans le *Jameo Chico* par un escalier hélicoïdal. Cesare Manrique, qui a transformé cette grotte en boîte et bar de nuit, l'a pourvue d'une piste de danse en marbre. De là on accède, en longeant sur 100 mètres un lac sous terrain d'eau claire comme du cristal, à un escalier de pierre qui mène au *Jameo Grande*. C'est une gigantesque grotte à ciel ouvert comprenant une faune tropicale exubérante, une piscine turquoise enchanteresse et un deuxième bar offrant une vue magnifique. L'auditorium, construit dans une partie du tunnel menant à la mer, est utilisé pour des concerts exceptionnels.

Grottencomplex Jameos del Agua in Lanzarote maakt deel uit van een 6 kilometer lange lavatunnel die gevormd werd toen de vulkaan La Corona 3.000 jaar geleden uitbarstte. Het woord "Jameo" staat voor de gaten die ontstonden toen delen van het oppervlak instortten onder druk van vulkanische gassen. Via een draaitrap betreed je de Jameo Chico, een grot die door ontwerper Cesare Manrique omgetoverd werd tot bar-nachtclub, inclusief marmeren dansvloer. Van daaruit voert een 100 meter lang pad je langsheen een kristalhelder ondergronds meer naar een steile stenen trap die toegang geeft tot de Jameo Grande, een gigantische openluchtgrot met exuberante tropische fauna, een betoverend turkooizen zwembad en een tweede bar met zicht op al dit fraais. Het auditorium, dat gebouwd werd in het deel van de tunnel die naar de oceaan toe loopt, wordt aangewend voor unieke concerten.

JAMEOS DEL AGUA – ARRIETA, ÓRZOLA ROAD, HARÍA, LANZAROTE, SPAIN - +34 928848020 - WWW.CENTROSTURISTICOS.COM

Jameos del Agua was converted by Cesare Manrique into a unique Centre for Art, Culture and Tourism in 1966.

Jameos del Agua a été transformé, en 1996 par Cesare Manrique, en Centre pour les Arts, la Culture et le Tourisme.

De Jameos del Agua werden in 1966 door Cesare Manrique omgevormd tot een uniek Centrum voor Kunsten, Cultuur en Toerisme.

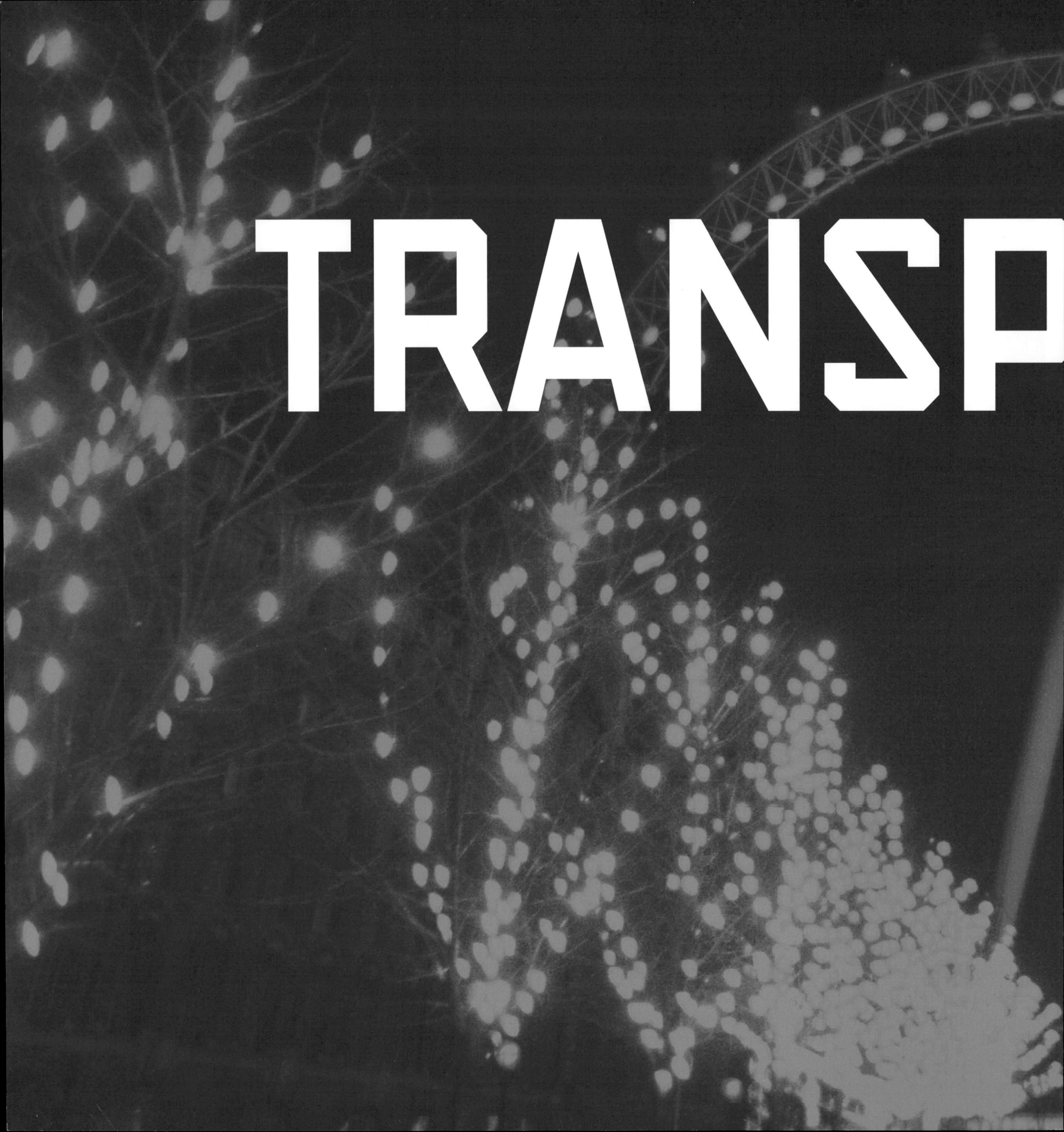
TRANSP

ORTATION

FLOATING BAR JAPAN

The spaceship experience

This futuristic looking vessel is not yet able to travel through time (= ji) and space (= coo) but it does offer the most stylish way of dipping into Tokyo's nightlife. Jicoo The Floating Bar looks as if it escaped from a science fiction series and that is no accident, given that the design sprang from the imagination of animation grand master Leiji Matsumoto. The 30 metre long, 9 metre wide boat is based on the shape of a teardrop and is fitted with illuminated floor panels that can change into five different colours. The floating bar traverses Tokyo Bay every Thursday, Friday and Saturday from 8 pm to 11pm, while an amiable crew welcome hip guests, provide brightly coloured drinks and play cool lounge music. The curved windows offer an irresistible view of the Tokyo skyline.

Voyager dans le temps ("ji") et l'espace ("coo") n'est pas encore une possibilité offerte par ce vaisseau futuriste, qui permet cependant de plonger avec style dans la vie nocturne de Tokyo. *Jicoo*, The Floating Bar, semble tout droit sorti d'une série de science-fiction. Ce qui n'est pas un hasard puisqu'il a été imaginé par le grand maître du dessin animé, Leiji Matsumoto. Le vaisseau long de 30 mètres et large de 9, a la forme d'une goutte d'eau et ses panneaux de sol lumineux changent de couleur. Ce bar flottant traverse la Tokyo Bay chaque jeudi, vendredi et samedi, de 20h à 23h. Un équipage tiré à quatre épingles accueille une clientèle branchée, lui offrant des boissons colorées, sur fond de musique lounge. La verrière incurvée offre une vue extraordinaire sur Tokyo.

Reizen door tijd (= ji) en ruimte (= coo) is nog niet mogelijk in dit futuristisch uitziende vaartuig, maar het biedt wél een uiterst stijlvolle manier om het nachtleven van Tokyo in te duiken. Jicoo The Floating Bar ziet eruit alsof ze ontsnapt is uit een science fiction-reeks, en dat is geen toeval, aangezien het ontwerp is ontsproten aan de geest van animegroot-meester Leiji Matsumoto. Het 30 meter lange en 9 meter brede schip is gebaseerd op de vorm van een traan en beschikt over verlichte vloerpanelen die 5 verschillende kleuren kunnen aannemen. De drijvende bar doorkruist Tokyo Bay elke donderdag, vrijdag en zaterdag van 20u tot 23u, terwijl de beminne-lijke crew hippe vaargasten ver-welkomt, veelkleurige drankjes schenkt en coole loungemuziek draait. De gebogen ramen bieden een onweerstaanbaar uitzicht op de skyline van Tokyo.

JICOO THE FLOATING BAR – 105-0022 2-7-104 KAIGAN MINATO-KU, TOKYO, JAPAN - +81 3 5733 2929 - T.VISION@ARION.OCN.NE.JP · WWW.JICOOFLOATINGBAR.COM

Jicoo The Floating Bar seats 171 guests and can also be hired for private parties.

Jicoo The Floating Bar peut accueillir 171 clients et peut être loué pour des fêtes privées.

Jicoo The Floating Bar biedt plaats aan 171 gasten en kan ook afgehuurd worden voor privéfeestjes..

By day, Jicoo goes by the name of Himiko and serves as a ferry between Akusaka and Hinode Pier.

Durant le jour, Jicoo redevient un simple ferry, qui effectue la traversée entre Akusaka et Hinode Pier, sous le nom Himiko.

Overdag doet Jicoo onder de naam Himiko dienst als ferry tussen Akusaka en Hinode Pier.

MOBILE SMOOTHIE BELGIUM BAR

Choose, cycle and juice

If one bar can take the title of the world's healthiest bar then it would have to be De Sappentrapper. This eco-friendly innovation from Antwerp consists of a 2 metre long carrier cycle fitted with 2 blenders, a cool box, a solar panel, a dynamo and a battery. Fancy a fresh fruit juice? Put the bicycle on its stand and start pedalling. The dynamo powers the blender (or recharges the battery), and with the help of some fresh fruit you can pedal for a delicious and healthy drink. Not in the mood for physical exercise? Then leave the hard work to the solar panel or wind generator. Or would you prefer something stronger? Add the necessary alcohol to the mix. With 7 speeds and the capacity to carry over 80 kilograms, this juice bar can easily be used anywhere, from the seafront to a festival in the countryside.

De *Sappentrapper* mérite sans aucun doute le titre de bar le plus sain au monde. Cette invention anversoise écologiquement responsable se compose de deux vélos équipés de mixeurs, d'un espace réfrigérant, de panneaux solaires, d'une dynamo et d'une batterie. Envie d'un jus de fruits frais ? Mettez le vélo sur son pied et commencez à pédaler. La dynamo met le mixeur en route (ou recharge la batterie), et avec quelques fruits frais, vous voilà occupés à fabriquer une boisson saine et délicieuse. Aucune envie de faire un effort? Laissez le panneau solaire ou la turbine à vent faire le boulot. Vous l'aimez plus corsé ? Ajoutez la quantité d'alcool nécessaire et mixez. Avec ses sept vitesses et sa capacité de stockage de 80 kilos, ce bar peut s'installer rapidement n'importe où. Sur une digue, sur la côte ou dans un pré accueillant un festival.

Als één bar aanspraak kan maken op de titel van 's werelds meest gezonde bar, is het De Sappentrapper wel. Deze ecologisch verantwoorde Antwerpse uitvinding bestaat uit een 2 meter lange bakfiets uitgerust met 2 blenders, een koelruimte, een zonnepaneel, een naafdynamo en een batterij. Zin in een vers geperst sapje? Zet de fiets op zijn staander en begin te trappen. De dynamo drijft de fruitblender aan (of laadt de batterij op), waardoor je ter plekke met behulp van wat vers fruit een lekker en gezond drankje trapt. Geen zin in een fysieke inspanning? Laat het zware werk over aan het zonnepaneel of de windgenerator. T(r)ap je liever wat sterkers? Voeg de nodige alcohol aan de mix toe. Met 7 versnellingen en een laadvermogen van meer dan 80 kilogram is deze sapjesbar overal vlot inzetbaar, van zeedijk tot festivalweide.

DE SAPPENTRAPPER – AVAILABLE ANYWHERE IN BELGIUM - +32 478 407 429 - EWOUD@BIGBAZART.BE - WWW.SAPPENTRAPPER.BE

OBSERVATION
WHEEL BAR ^{UK}

Let's fly away

At a height of 135 metres, The London Eye is the world's tallest Ferris wheel and a contemporary icon for London. The construction, which was built to mark the new millennium, is fitted with 32 high tech glazed capsules each weighing 10 tonnes and each able to accommodate 25 standing visitors. A complete rotation takes half an hour and provides a magnificent view over London's most important sights. Given that the wheel turns at a stately 26 centimetres per second, visitors can get on and off without the wheel having to stop. For those who like get a little dizzier, special Laurent Perrier champagne flights are available. And those who really want to be big spenders could also book a private capsule at the same time!

Avec ses 135 mètres de haut, *The London Eye* est la plus grande roue du monde et une icône de Londres. Cette construction, édifiée à l'occasion du nouveau millénaire, est pourvue de 32 capsules de verre high-tech de 10 tonnes, qui peuvent chacune accueillir 25 passagers debout. Elles effectuent un tour complet en 30 minutes, et offre une vue spectaculaire sur les monuments incontournables de Londres. Comme la roue tourne à la vitesse de 26 centimètres par seconde, les visiteurs peuvent embarquer et débarquer sans qu'elle ne doive s'immobiliser. Des vols spéciaux au champagne Laurent Perrier sont organisés à l'attention de ceux qui veulent planer davantage. Et qui veut se donner des airs de big spender, peut bien sûr opter pour une capsule privée.

Met zijn hoogte van 135 meter is The London Eye 's werelds grootste reuzenrad en een hedendaags icoon voor Londen. De constructie, die gebouwd werd ter gelegenheid van het nieuwe millennium, is voorzien van 32 hoogtechnologische glazen capsules van 10 ton elk, die stuk voor stuk plaats bieden aan 25 staande bezoekers. Ze maken in een half uur tijd een volledige omwenteling en bieden in tussentijd een schitterend uitzicht over Londens belangrijkste bezienswaardigheden. Aangezien het rad ronddraait tegen een statige snelheid van 26 centimeter per seconde, kunnen bezoekers op- en afstappen zonder dat er gestopt moet worden. Voor wie het allemaal nóg een beetje zweveriger mag, zijn er speciale Laurent Perrier-champagnevluchten beschikbaar. En wie helemaal de big spender wil uithangen, kan dan misschien meteen ook een privécapsule boeken?

THE LONDON EYE – Riverside Building, County Hall, Westminster Bridge Road, London, SE1 7PB, United Kingdom - +44 (0) 870 5000 600 - customer.services@londoneye.com - www.londoneye.com

From its highest point, you can see for 40 kilometres – as far as Windsor Castle.

Du point culminant, on peut voir à 40 kilomètres – jusqu'au château de Windsor.

Vanaf het hoogste punt kan je tot 40 kilometer ver zien – zo ver als Windsor Castle.

Since opening in March 2000, the wheel has welcomed more than 29 million visitors. This is 3.5 million people annually.

Depuis son ouverture, en 2000, la roue a accueilli plus de 29 millions de visiteurs, soit 3,5 millions de personnes par an.

Sinds de opening in maart 2000 verwelkomde het rad meer dan 29 miljoen bezoekers. Dat zijn jaarlijks 3,5 miljoen mensen.

GIANT PARTY LIMO USA

Nightclub on wheels

The world's largest party limousine is 20 metres long, weighs 25 tonnes, has 22 wheels and 435 HP. The Midnight Rider, a "Tractor Trailer Limousine", designed in 1986, was ready for use in 2005 and is still the only of one of its kind. The mobile nightclub has a party lounge, a TV room and observation zone, a bar, a bathroom and a 1,800 watt surround sound system, air-conditioning, telephone and satellite TV. The interior, inspired by a 1870s presidential train carriage, is characterised by polished wood and brass work, silk and velour fabrics and subtle lighting. A team of 5 to 7 people are on board, ready to pamper up to 40 guests. From its operating base in Southern California, the Midnight Rider is available throughout the United States.

La plus grande limousine de fête du monde mesure 20 mètres de long, pèse 25 tonnes, possède 22 roues et 435 CV. Ce *Tractor Trailer Limousine* baptisé *The Midnight Rider*, a été imaginé en 1986 et mis en service en 2005. Unique en son genre, cette boîte de nuit roulante possède un salon, une chambre de télévision, une zone d'observation, un bar, une salle de bains et une installation *surround* de 1 800 watts, l'air conditionné et le téléphone. L'intérieur, inspiré d'un wagon présidentiel de 1870, se remarque par ses cuivres et son bois poli, la soie, le velours et un éclairage subtil. A bord, une équipe de 5 à 7 personnes sont aux petits soins pour 40 convives. Basé en Californie du sud, *The Midnight Rider* se déplace aux quatre coins des Etats-Unis.

's Werelds grootste partylimousine is 20 meter lang, weegt 25 ton en beschikt over 22 wielen en 435 PK. The Midnight Rider, een zogenaamde "Tractor Trailer Limousine", werd in 1986 ontworpen en in 2005 in gebruik genomen, en is totnogtoe de enige in zijn soort. De rijdende nachtclub beschikt over een partylounge, een tv-kamer en een observatiezone, een bar, een badkamer, een surround sound-installatie van 1.800 watt, airconditioning, telefoon en satelliet-tv. Het interieur, geïnspireerd op dat van een presidentieel treinstel uit 1870, wordt gekenmerkt door gepolierd hout- en koperwerk, zijden en velours stoffen en een subtiele verlichting. Aan boord staat een team van 5 tot 7 mensen paraat om tot 40 gasten in de watten te leggen. Vanuit zijn uitvalsbasis in Zuid-Californië is The Midnight Rider over heel de Verenigde Staten inzetbaar.

THE MIDNIGHT RIDER – TCP 18104-A, P.O. Box 390111, Anza, California 92539, United States of America - +1 951 763 4790 - Pamela@themidnightrider.com - www.themidnightrider.com

Irontree Management Company plans the construction of another 3 similar limotrucks each with its own unique interior.

Irontree Management Company prévoit la construction de trois autres limousines, chacune ayant un aménagement différent à l'intérieur.

Irontree Management Company plant de constructie van nog eens 3 soortgelijke limotrucks met telkens weer een ander uniek interieur.

CYCLING BAR ^{UK}

Booze cruise

A pub-crawl is not immediately associated with fresh air and exercise, yet that is precisely what you can expect if you hire the Pubcrawler. This mobile bar, which is driven by customer's pedal power, seats 8 to 10 cyclists, 3 to 4 supporters, 1 driver and 1 barman. Its greatest advantage is that you determine your own route whilst never finding yourself more than 30 centimetres from the nearest bar. Measuring 4.5 by 2 metres and with a top speed of 15 km per hour, the bar is considered to be a tandem by British law and so parking doesn't cost a penny. Upon arrival, guests are treated to champagne or wine, after which the switch is made to drinks from the pubs that are visited or your own drinks during longer bicycle trips.

Une tournée des bars est rarement associée à l'air frais et au mouvement. Et pourtant, c'est exactement ce à quoi on peut s'attendre en louant le *Pubcrawler*. Ce bar mobile, propulsé par le pédalage de ses occupants, offre place à 10 cyclistes, 3 à 4 supporters, 1 chauffeur et 1 barman. Son avantage est de vous laisser choisir vous même votre itinéraire sans jamais vous éloigner de plus de 30 centimètres du bar le plus proche. Long de 4,5 mètres et large de 2, ce bar affiche une vitesse de pointe de 15 km/h. La loi britannique le considère comme un tandem ; le garer ne coûte donc que 1 cent. A leur arrivée, les invités sont accueillis avec un verre de champagne ou de vin, et peuvent ensuite consommer les boissons des pubs visités ou - pour des distances plus longues - celles qu'on emportées avec soi.

Een kroegentocht wordt niet meteen geassocieerd met frisse lucht en beweging, en toch is dat precies wat je kan verwachten als je de Pubcrawler inhuurt. Deze mobiele bar, die aangedreven wordt door de trapkracht van de klanten, biedt plaats aan 8 tot 10 fietsers, 3 à 4 supporters, 1 chauffeur en 1 barman. Het grootste voordeel dat hij biedt, is dat je volledig je eigen route kan bepalen terwijl je je toch nooit meer dan 30 centimeter van de dichtstbijzijnde bar bevindt. Met afmetingen van 4,5 op 2 meter en een topsnelheid van 15 kilometer per uur wordt de bar volgens de Britse wetgeving beschouwd als een tandem, waardoor parkeren een fluitje van een cent wordt. Bij aankomst worden de gasten getrakteerd op champagne of wijn, waarna overgeschakeld wordt op drankjes uit de bezochte pubs of -voor langere fietstochten- op zelf meegebrachte drank.

Two models are available: an Art Nouveau version that seats 11 guests and a design model for a maximum of 14 people.

Deux modèles sont disponibles : l'un en version art nouveau, qui accueille 11 clients et l'autre en modèle design, pour 14 personnes.

Er zijn 2 modellen beschikbaar: een art nouveau-versie die plaats biedt aan 11 gasten en een designmodel voor maximum 14 personen.

THE PUBCRAWLER CYCLING BAR – Available anywhere in the U.K. - +44 20 7350 2424 - info@pubcrawler.uk.com - www.pubcrawler.uk.com

INTERIOR DESIGN

WINE TOWER BAR UK

Fly angel, fly!

A 13 metre high wine tower forms the dazzling centre point of the Radisson SAS Hotel lounge and bar at Stansted Airport. The temperature controlled structure, constructed out of 6.5 tons of laminated glass, a steel core and a pyramid shaped roof, is fitted with an acrylic rack filled with 4,000 bottles of red and white wine. The enchantingly lit column, which was inaugurated along with the hotel in 2004, not only serves as a large, open wine rack but also functions as a theatre in which 4 graceful 'wine angels' suspended on cables collect the bottles ordered by guests. With the help of remote control and computer controlled winches, these women glide effortlessly up and down, whilst also slipping in a few acrobatics in between. So that you don't need to have one too many to see angels fly here!

Une tour à vin de 13 mètres de haut constitue l'attraction du lounge et du bar de l'hôtel *Radisson SAS*, à l'aéroport de Stansted. Cet édifice à la température contrôlée est faite de 6,5 tonnes de verre laminé, d'un cœur en acier et d'un toit pyramidal. Il est équipé d'une étagère en acrylique qui supporte 4 000 bouteilles de vins rouges ou blancs. Le pilier, éclairé de manière féerique, a été érigé en même temps que l'hôtel, en 2004. Il ne fait pas seulement office de porte bouteille géant mais fonctionne comme un théâtre où 4 "anges des vins", suspendus à des câbles, vont gracieusement chercher les bouteilles choisies par les clients. Commandées par des ordinateurs ces dames évoluent sans effort, exécutant de temps à autre une acrobatie. Pas besoin, donc, de boire beaucoup pour les voir voler !

Een 13 meter hoge wijntoren vormt het stralende middelpunt van de lounge en bar van het Radisson SAS Hotel in Stansted Airport. De temperatuurgecontroleerde constructie, opgebouwd uit 6,5 ton gelamineerd glas, een stalen kern en een piramidevormig dak, is uitgerust met een acryl rek dat plaats biedt aan 4.000 flessen rode en witte wijn. De feeëriek verlichte zuil, die samen met het hotel werd ingehuldigd in 2004, doet niet enkel dienst als groot uitgevallen wijnrek, maar fungeert tevens als een theater waarin 4 gracieuze "wijnengelen" zwevend aan draden de door de gasten bestelde flessen opduikelen. Met behulp van draadloze afstandsbedieningen en computergestuurde lieren zweven deze dames moeiteloos op en neer, intussen ook nog eens een aardig staaltje acrobatie weggevend. Hier hoef je dus echt niet veel te drinken om ze te zien vliegen!

THE WINE TOWER BAR – Radisson SAS Hotel London Stansted Airport, Waltham Close, Stansted Airport, Essex, CM24 1PP, United Kingdom - +44 (0)1279 661 012 - info.stansted@radissonsas.com - www.stansted.radissonsas.com

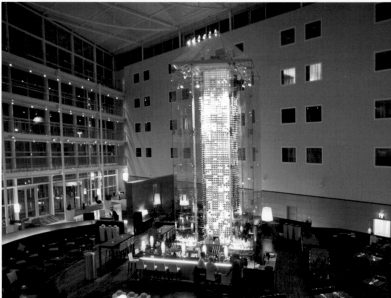

There is no other tower like this in Europe and it was only preceded by a similar tower in the Mandalay Bay Hotel in Las Vegas.

Cette tour est unique en Europe. Sa seule jumelle se trouve au Mandalay Bay Hotel de Las Vegas.

Deze toren is de enige in Europa, en werd enkel voorafgegaan door een gelijkaardige toren in het Mandalay Bay Hotel in Las Vegas.

BEAUTY BAR USA

Martinis and manicures

Unsuspecting grannies who step inside the Beauty Bar for a blue rinse could get a nasty shock. Behind the 1950s beauty salon interior, characterised by retro hairdryer hoods, vintage hairdresser's chairs and mirrors, plastic sofas and jukeboxes, hides an extremely trendy bar. The original bar in New York where the first cocktail was served in 1995 was inside the former Thomas Beauty Salon, meanwhile 5 affiliates have opened, each one kitted out with an authentic retro décor. These kitch bars attract an artistic public who love the relaxed atmosphere, 80s music, original cocktail menu and the unrivalled happy hour, where you can get a cocktail and a manicure for 10 dollars... Maybe this is something for granny!

Une grand-mère qui franchirait le seuil du *Beauty Bar* pour refaire sa coloration sursauterait à coup sûr. Derrière le décor années 50 de ce salon de beauté, avec ses séchoirs rétro, ses sièges et miroirs vintage, sofas en plastique et juke-box, se cache un bar des plus tendance. Le premier bar de ce type à New York, a servi son premier cocktail en 1995, à l'intérieur de l'ancien *Thomas Beauty Salon*. Entre temps, cinq filiales ont ouvert, chacune décorée, pièce par pièce, d'authentiques objets rétro. Cet établissement kitsch attire un public d'artistes, avant tout séduits par l'atmosphère informelle, la musique des années 80, la carte originale des cocktails et un happy hour unique, où pour 10 dollars vous recevez un cocktail et une manicure... Peut-être quand même un truc de grand-mère?

Nietsvermoedende oma's die de Beauty Bar binnenstappen voor een paarse kleurspoeling, zouden wel eens lelijk kunnen schrikken. Achter het schoonheidssaloninterieur uit de jaren '50, dat gekenmerkt wordt door retrodroogkappen, vintage kappersstoelen en -spiegels, plastic sofa's en jukeboxen, gaat immers een uiterst trendy bar verscholen. De originele bar in New York, waar in 1995 de eerste cocktail geschonken werd in het interieur van het voormalige Thomas Beauty Salon, heeft er intussen 5 filialen bij, stuk voor stuk uitgerust met een authentiek retrodecor. De kitscherige zaken trekken een artistiek publiek dat vooral valt voor de ongedwongen sfeer, de jaren '80 muziek, het originele cocktailmenu en het onovertroffen happy hour, waarbij je voor 10 dollar een cocktail met manicure kan scoren... Misschien is dit laatste toch iets voor oma?

The cocktails have been given appropriate names like 'Shampoo', 'Conditioner', 'Blue Rinse', 'Drop Dead Gorgeous' and 'Platinum Blonde'.

Les cocktails ont été baptisés de noms tels que Shampoo, Conditioner, Blue Rinse, Drop Dead Gorgeous, ou Platinum Blonde.

De cocktails kregen toepasselijke namen mee als "Shampoo", "Conditioner", "Blue Rinse", "Drop Dead Gorgeous" en "Platinum Blonde".

BEAUTY BAR – 231 EAST 14TH STREET, NEW YORK, NY 10003, UNITED STATES OF AMERICA (AND ALSO IN LOS ANGELES, SAN FRANCISCO, SAN DIEGO, LAS VEGAS AND AUSTIN) - WWW.BEAUTYBAR.COM

AQUARIUM BAR GERMANY

Fishy business

An aquarium is not an unusual sight in a bar, but from your seat in the Atrium Lobby Lounge & Bar you are guaranteed to stare open mouthed at the Aquadom. The world's largest cylindrical aquarium in the lobby of the Radisson SAS Hotel in Berlin is 25 metres tall and has a diameter of 11 metres; it contains 1 million litres of water and accommodates 2,500 fish of 56 different species. In addition, the acrylic tank also contains a glass lift that brings visitors to an observatory under the glass roof. The bar offers an unequalled view of this architectural wonder and can seat 80 guests. You can enjoy cocktails, alcoholic and soft drinks as well as tea and coffee specialities there. And if you haven't had enough of looking at fish, you can also visit the neighbouring Sea Life Centre.

Trouver un aquarium dans un bar n'est pas inhabituel. Mais, assis dans l'*AquaDom* de l'*Atrium Lobby Lounge & Bar*, vous écarquillerez les yeux, bouche bée. Le plus grand aquarium cylindrique du monde, niché dans le lobby du *Radisson SAS Hotel* de Berlin, affiche une hauteur de 25 mètres et un diamètre de 11 mètres. Il contient un million de litres d'eau et abrite 2 500 poissons, de 56 espèces différentes. Ce réservoir en acrylique contient également un ascenseur de verre qui conduit à un point de vue unique, sous la verrière. Le bar offre une vue spectaculaire sur cette merveille d'architecture et accueille jusqu'à 80 clients. On y déguste des cocktails, ainsi que des spécialités de thé et de café. Et si avec ça, vous n'en avez toujours pas vu assez, vous pouvez vous rendre au *Sea Life Center* voisin.

Een aquarium is geen ongewoon gezicht in een bar, maar naar de Aquadom zit je vanaf je plaatsje in de Atrium Lobby Lounge & Bar gegarandeerd met open mond te kijken. 's Werelds grootste cilindrische aquarium in de lobby van het Radisson SAS Hotel in Berlijn heeft een hoogte van 25 en een diameter van 11 meter, bevat 1 miljoen liter water, en biedt onderdak aan 2.500 vissen van 56 verschillende soorten. De acryl tank bevat bovendien ook een glazen lift die bezoekers naar een uitkijkpunt onder het glazen dak voert. De bar biedt een ongeëvenaard uitzicht op dit architecturale wonder, en heeft plaats voor 80 gasten. Je kan er genieten van cocktails, alcoholische en andere dranken, en thee- en koffiespecialiteiten. En als je hierna nog altijd niet genoeg hebt gekregen van het visjes kijken, kan je het aangrenzende Sea Life Center bezoeken.

ATRIUM LOBBY LOUNGE & BAR – RADISSON SAS HOTEL BERLIN, KARL-LIEBKNECHT-STRASSE 3, 10178 BERLIN, GERMANY - +49 30 238 28 0 - WWW.BERLIN.RADISSONSAS.COM

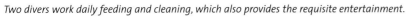

Two divers work daily feeding and cleaning, which also provides the requisite entertainment.

Deux plongeurs s'occupent chaque jour de donner à manger aux poissons et de nettoyer l'aquarium, procurant en même temps un divertissement aux spectateurs.

Twee duikers houden zich dagelijks bezig met voederen en schoonmaken -en zorgen tegelijkertijd voor het nodige entertainment.

A CLOCKWORK ORANGE BAR USA

Milk plus

"There was me, that is Alex, and my three droogs, that is Pete, George, and Dim,(...) and we sat in the Korova Milkbar making up our rassoodocks what to do with the evening...." So begins the cult book *A Clockwork Orange* by Anthony Burgess and Stanley Kubrick's film of the same name. Korova Milkbar - in the book and the film it is a sinister place that mixed drugs with milk, which poured from the breasts of white painted mannequins - is also the name of a bar in White Plains, New York. The décor is entirely inspired by the film: shiny, sophisticated and sexy, with a lot of black and white, naked mannequins in all sorts of positions, comfortable couches and several video screens. Alongside spirits, cocktails, beer, champagne and wine, you can also get 'molokos' here; milk and ice cream cocktails named after unfortunate celebrities like Natalie Wood and Karen Carpenter.

"Il y avait moi, Alex, et mes trois *droogies*, Pete, Georgie et Dim. Nous étions installés au Korova Milkbar à nous creuser le *rassoudok* pour savoir où passer la soirée ». C'est ainsi que démarre le livre culte *Orange mécanique* d'Anthony Burgess, dont Stanley Kubrick a tiré son film. Dans ce livre, le *Korova Milk Bar* est un établissement sinistre, qui sert du lait mélangé à des drogues sortant tout droit des seins de mannequins peints en blanc. C'est aussi le nom d'un bar de White Plains, dans l'état de New York. Le décor est totalement inspiré du film : lisse, sophistiqué et sexy, offrant des contrastes en noir et blanc, des mannequins nus dans toutes les positions, des banquettes confortables et plusieurs écrans vidéos. Outre les boissons fortes, les cocktails, la bière, le champagne et le vin, vous pouvez également commander des molokos : des cocktails à base de glace et de lait portant les noms de personnalités malchanceuses telles que Natalie Wood ou Karen Carpenter.

"Daar was ik dan, Alex, en mijn drie hipmaats, Pete, Georgie en Dim. En we zaten in de Korova Milk Bar te prakkidenken over wat we die avond zouden doen." Zo begint het cultboek *A Clockwork Orange* van Anthony Burgess en de gelijknamige film van Stanley Kubrick. Korova Milk Bar -in boek en film een sinistere zaak die melk vermengd met drugs schenkt uit de borsten van witgeschilderde modepoppen- is tevens de naam van een bar in White Plains, New York. Het decor is volledig geïnspireerd op de film: glad, gesofistikeerd en sexy, met veel zwart en wit, naakte modepoppen in allerlei houdingen, comfortabele banken en meerdere videoschermen. Naast sterke drank, cocktails, bier, champagne en wijn, kan je hier ook "molokos" krijgen; melk- en ijscocktails met de namen van onfortuinlijke beroemdheden zoals Natalie Wood en Karen Carpenter.

KOROVA MILK BAR – 213 East Post Rd. White Plains, New York 10601, United States of America - +001 914 949 8838 · www.korovamilkbar.com

Top DJs create a nightclub atmosphere after 11 pm.

Après 23h, d'excellents DJs transforment le lieu en club.

Na 23u wordt er een clubachtige sfeer gecreëerd met de hulp van top-DJ's.

The bar was based in New York's Alphabet City for 10 years and only moved to White Plains in 2007.

Le bar existait déjà depuis dix ans dans Alphabet City, à New York et a déménagé en 2007 à White Plains.

De bar was 10 jaar lang gevestigd in het Newyorkse Alphabet City en verhuisde in 2007 naar White Plains.

CHAMPAGNE GLASS BAR BELGIUM

Bottoms up

One of the biggest eye catchers at the brand new shopping centre in Antwerp's Festival Hall is without doubt the enormous champagne glass that is the Laurent Perrier bar. The glass platform, at 7.5 metres high, offers a magnificent view of the neoclassical building, which was devastated by fire in 2000 and re-opened at the end of 2007 after undergoing serious modernisation. This exclusive bar can accommodate 120 people and specializes in champagne and everything to do with champagne, although you can also enjoy coffee, tea, breakfast and other small snacks. To ensure that the steel construction does not break it is equipped with minimal level of mobility. This makes some people queasy - although that could also have something to do with the champagne...

L'une des plus grandes attractions du nouveau centre commercial de l'*Antwerpse Stadsfeestzaal* est sans aucun doute l'énorme coupe de champagne qui sert de bar à Laurent Perrier. Sa plate-forme vitrée, de 7,5 mètres de haut, offre une vue magnifique sur le site néo-classique. Dévasté en 2000 par un incendie, il a rouvert en 2007 après une profonde rénovation. Le bar exclusif accueille jusqu'à 120 personnes et est dédié au champagne et à tout ce qui s'y rapporte. On peut toutefois commander du café, du thé, un petit-déjeuner, et d'autres snacks. Afin de s'assurer que la structure d'acier ne se brise pas, un léger mouvement a été prévu. C'est sans doute cela qui donne à certaines personnes une sensation de mal de mer... à moins que ce ne soit le champagne...

Een van de grootste blikvangers van het splinternieuwe winkelcentrum in de Antwerpse Stadsfeestzaal is zonder twijfel het enorme champagneglas dat dienst doet als Laurent Perrier-bar. Het glazen platform, dat 7,5 meter hoog is, biedt een prachtig uitzicht over het neo-classicistische pand, dat in 2000 verwoest werd door een brand en pas eind 2007 na een ingrijpende renovatie heropend werd. De exclusieve bar biedt plaats aan 120 personen en is volledig toegespitst op champagne en alles wat met champagne te maken heeft, al kan je er ook koffie, thee, ontbijt en andere kleine snacks verkrijgen. Om ervoor te zorgen dat de stalen constructie niet kan breken, werd een minimale beweeglijkheid voorzien. Dit zorgt bij sommige mensen voor een gevoel van zeeziekte - al kan dat ook wel een beetje met de champagne te maken hebben...

CHAMPAGNEBAR LAURENT-PERRIER — STADSFEESTZAAL, MEIR 48, 2000 ANTWERP, BELGIUM - WWW.LAURENT-PERRIER.COM

The second Laurent Perrier bar on the ground floor is also striking due to its futuristic design and coloured lighting effects.

Le deuxième bar Laurent Perrier, au rez-de-chaussée, capte également le regard par sa forme futuriste et ses couleurs changeantes.

Ook de tweede Laurent Perrier-bar op de begane grond valt op omwille van de futuristische vormgeving en wisselende kleuren.

MEDICINE CLUB SINGAPORE

E.R. meets Sex and the City

When Concrete Architectural Associates were asked to produce a club concept based on the name The Clinic, they decided to start with the idea that a hospital you go to not because you're ill, must aim to ensure that you feel better, ecstatic even! They threw a handful of pills onto a piece of paper, arranged them and there was the floor plan. The 1,200 m² establishment is divided into 13 rooms over 2 floors: the bars and dance club on the ground floor were given the names and shapes of medications and the lounges upstairs are named after syndromes. Thus the pill shaped red/blue dance floor is called Morphine, the triangular Caffeine room is fitted with coloured strips that illuminate to the rhythm of the music and contains the black semicircular pill shaped main bar, Anthrax.

Lorsque les *Concrete Architectural Associates* furent sollicités pour concevoir un concept de club autour du nom *The Clinic*, ils partirent du principe que si l'on se rendait en bonne santé dans une "clinique", on devait en sortir en meilleure forme encore ! Ils jetèrent une poignée de pilules sur un morceau de papier, les ajustèrent et ainsi fut dessiné le plan. L'établissement, qui couvre 1 200 m², est divisé en 13 espaces répartis sur deux étages : les bars et clubs au rez-de-chaussée portent des noms et formes de médicaments tandis que les lounges, à l'étage, ont été baptisés selon des symptômes. La piste de danse en forme de pilule rouge et bleue a ainsi reçu le nom de *Morphine*. La chambre triangulaire *Caffeine* a été décorée de néons multicolores vibrant au rythme de la musique. Le bar central est abrité dans un demi cercle noir en forme de pilule d'*Anthrax*.

Toen Concrete Architectural Associates gevraagd werd een clubconcept uit te werken rond de naam The Clinic, besloten ze ervan uit te gaan dat een ziekenhuis waar je naartoe gaat als niet ziek bent, wel als doel moest hebben om ervoor te zorgen dat je je nog beter zou gaan voelen -extatisch zelfs! Ze gooiden een handvol pillen op een stuk papier, schikten ze, en het vloerplan was een feit. De 1.200 m² grote zaal is verdeeld in 13 ruimten over 2 verdiepingen: de bars en dansclub op het gelijkvloers kregen namen en vormen mee van medicijnen, en de lounges boven werden vernoemd naar ziektebeelden. Zo kreeg de rood-blauwe pilvormige dansvloer de naam Morphine mee, werd de driehoekige Caffeïnekamer uitgerust met gekleurde strips die verlicht worden op de maat van de muziek, en bevat de zwarte halfronde pilvorm Anthrax de belangrijkste bar.

THE CLINIC – THE CANNERY, CLARKE QUAY, SINGAPORE - +65 688 73733 - INFO@THECLINIC.SG - WWW.THECLINIC.SG

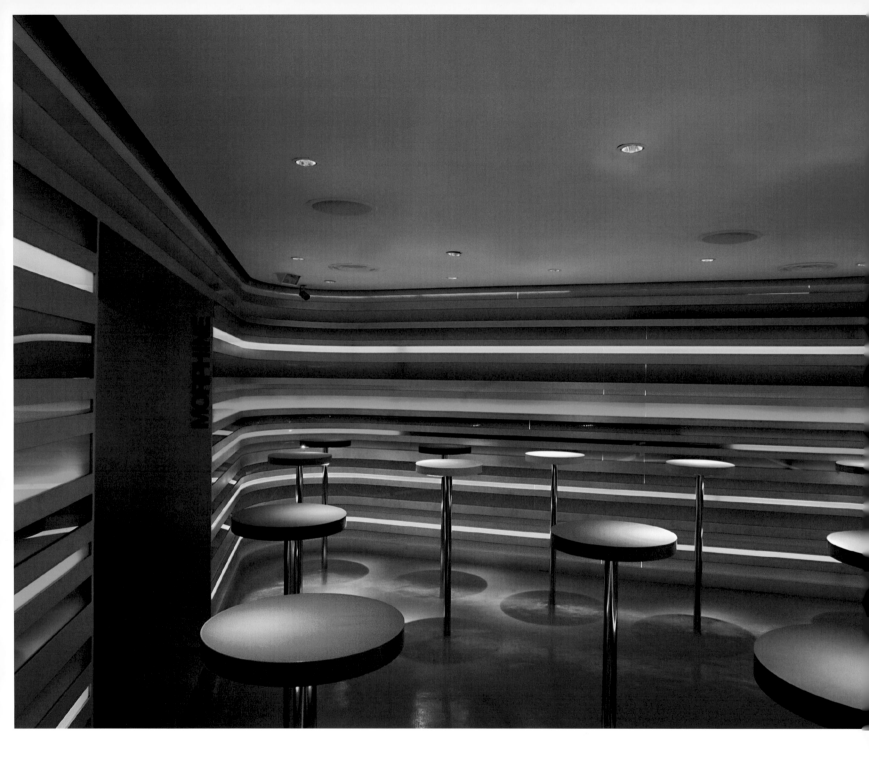

Delusion is a girls only lounge. The space contains a ceiling made of parabolic red mirrors, red couches and is lit by red lights.

Delusion est un lounge réservé aux femmes. L'espace comprend un plafond réalisé avec des miroirs paraboliques rouges, des sièges et un éclairage rouge eux aussi.

Delusion is een girls only-lounge. De ruimte bevat een plafond gemaakt van parabolische rode spiegels, rode zetels en is verlicht met rode lampen.

Morphine's main event is the video arch made of LEDs.
Images of eyeballs are interchanged with dripping blood.

*L'attraction principale de Morphine est l'arc vidéo réalisé en LED.
Des images de globes oculaires alternent avec les gouttes de sang.*

*Morphines blikvanger is de video-boog gemaakt van leds. Beelden
van oogballen worden afgewisseld met die van bloeddruppels.*

KITCHEN CLUB GERMANY

You'll always find me in the kitchen at parties

Where the snacks and drinks are to be found, where the music should be too - at private parties the kitchen is undeniably the place to be. The architects van and off understood this and have filled a gap in the market with Die Blaue Caro * Kitchen Club. The Kitchen Club is a multifunctional space with brown kitchen cabinets and the pattern of blue and white tiling is not purely decorative but also functions as an interactive unit. So that it not only covers walls and the ceiling but it is also repeated and interrupted by objects such as a sound system, light fittings, little shelves, logos and even a blue reindeer head. The pattern is changed, extended and rearranged depending on the occasion. The club has been open since 2007 and after certain period of time will be entirely redecorated.

Dans les fêtes privées, the place to be, l'endroit où l'on trouve les boissons et les zakouskis, où la musique a également sa place, c'est incontestablement la cuisine. Les architectes de *And Off* l'ont bien compris. Le *Blaue Caro * Kitchen Club* comble une niche dans le marché. Ce club-cuisine est un espace multifonctionnel composé de placards bruns et d'un carrelage bleu et blanc, qui ne sert pas uniquement à décorer puisqu'il est également interactif : y sont également intégrés des objets tels qu'un système audio, des ornements lumineux, des logos, des supports muraux et même, une tête de rêne peinte en bleu. Le motif blanc-bleu est changé, élargi et re-disposé selon les opportunités. Le club existe depuis 2007 et a vocation à être complètement redécoré prochainement.

Waar de hapjes en drankjes zich ook mogen bevinden, waar de muziek ook moge zijn - op privéfeestjes is the place to be ontegensprekelijk de keuken. De architecten van and off hebben dat goed begrepen en hebben met Die Blaue Caro * Kitchen Club een gat in de markt gevuld. De keukenclub is een multifunctionele ruimte met bruine kastjes en een wit-met-blauw tegelpatroon dat niet enkel dient als decoratie, maar ook als interactief geheel. Zo wordt het niet enkel doorgetrokken op muren en plafond, maar wordt het tegelijkertijd herhaald en doorbroken met behulp van objecten als een geluidssysteem, lichtornamenten, schabjes, logo's en zelfs een blauwgeschilderd rendierhoofd. Het patroon wordt veranderd, uitgebreid en herschikt naargelang de gelegenheid. De club is sinds 2007 in gebruik en zal na welbepaalde tijd volledig heringericht worden.

DIE BLAUE CARO * KITCHEN CLUB – STUTTGART, GERMANY - CONTACT@DIE-BLAUE-CARO.DE - WWW.DIE-BLAUE-CARO.DE

The concept arose from the demand for an alternative clubbing experience outside the big commercial party scene in Stuttgart.

Le concept offre une alternative aux grandes salles de Stuttgart.

Het concept kwam tegemoet aan de vraag naar een alternatief clubconcept buiten de grote commerciële partyscene in Stuttgart.

To keep the club 'underground' its address is not given out but word of mouth advertising is relied upon.

Afin de maintenir son caractère underground au club, l'adresse n'est pas diffusée. On préfère compter sur le bouche-à-oreille pour faire sa publicité.

Om de club "underground" te houden wordt er geen adres vrijgegeven, maar wordt beroep gedaan op mond-tot-mondreclame.

ZEN CLUB USA

Indulge your senses

Light therapy, aromatherapy, feng shui... These subjects might be highly valued in health resorts but in nightclubs they're not so usual. Ultra, the nightclub that "is designed to indulge all your senses", wants to change this. So this place does not only have a gigantic projection wall, a dramatic lighting system and an advanced sound system, but also scent machines that are ready to send out more than 100 smells, as well as a renowned catering service and a real snow machine. The biggest eye-catcher is and remains the VIP treehouse, which accommodates 30 people and is fitted with a minibar, volume and light controls. From this structure, which is covered with flowers and ivy, and complete with real trees, you really feel lifted above the plebs.

Luminothérapie, aromathérapie, feng shui... Ces thématiques ont beau être hautement appréciées dans les centres de cure, dans les clubs de nuit, ils sont plutôt rares. *Ultra*, le club de nuit "développé afin de séduire tous les sens", entend changer cela. Cet établissement possède non seulement un immense mur de projection, un éclairage spectaculaire, et un système audio avancé mais aussi des émetteurs de senteurs, capables d'imprégner l'air de plus d'une centaine de parfums, un service traiteur renommé et un canon à neige.
L'élément le plus spectaculaire reste la cabane VIP, équipée d'un minibar, d'un bouton de réglage de volume et d'intensité lumineuse, qui peut accueillir 30 personnes. De cet endroit, couvert de fleurs et de lierre, perché dans un arbre bien réel, vous vous élevez littéralement au-dessus de la plèbe.

Lichttherapie, aromatherapie, feng shui... Deze thema's mogen dan hooggewaardeerd zijn in kuuroorden, in nachtclubs zijn ze niet zo gewoon. Ultra, de nachtclub die "ontworpen is om alle zintuigen in verleiding te brengen", wil hier verandering in brengen. Zo beschikt deze zaak niet enkel over een gigantische projectiemuur, een dramatische lichtinstallatie en een geavanceerd geluidssysteem, maar ook over geurmachines die in staat zijn om meer dan 100 geuren de lucht in te sturen, over een gerenommeerde cateringdienst en over een heuse sneeuwmachine. Grootste blikvanger is en blijft echter de vipboomhut, die plaats biedt aan 30 personen en uitgerust is met een minibar, volume- en lichtknop. Vanaf deze constructie, die bedekt is met bloemen en klimop, en voorzien is van echte bomen, voel je je letterlijk meters verheven boven het plebs.

The woodland theme is carried through the whole place: the walls are covered with wooden panels and branches hang from the ceiling.

La thématique de la forêt est déclinée dans tout l'établissement. Les murs sont couverts de panneaux de bois et, au plafond, pendent des branches.

Het bosthema wordt doorgetrokken in de hele zaak: de muren zijn bekleed met houten panelen en aan het plafond zie je takken hangen.

ULTRA – 37 West 26th Street, New York, New York 10010, United States of America - +1 212 725 3860 - contact@theULTRAnyc.com - www.theULTRAnyc.com

SYMBIOTIC CLUB GERMANY

Welcome to the Starship Enterprise

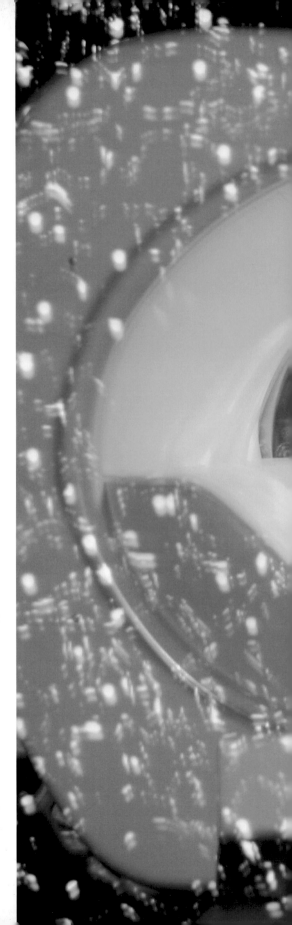

The interior of this 2,664 m² club forms a symbiosis between architecture, multi-media and graphic elements. A white wall with a membrane structure defines the triangular space and serves as a projection screen upon which a range of visuals can be projected, changing the atmosphere, the view and energy levels. From the imposing DJ cockpit that is located above the membrane wall, the DJ and VJ have complete control over the music, projections and light show. The membrane wall is punctured at ground level by 13 oval cocoons, covered in bright green leather, in which guests can lounge in between dancing. Five extra cocoons at the top of the wall serve as VIP boxes, while a VIP lounge accommodates 20 people. The dance floor, divided into 5 levels, includes a podium, 2 dance columns and 3 bars.

L'intérieur de cet immense club couvrant 2 664 m² résulte de la symbiose entre architecture, multi-média et éléments graphiques. Un mur blanc figurant la structure d'une membrane définit un espace triangulaire et sert d'écran de projection pour des visuels divers, afin de créer une atmosphère, changer la vue et l'énergie du lieu. Du haut de l'imposant cockpit du DJ, situé au-dessus du mur membrane, les DJ's et VJ's exercent un contrôle total sur la musique, les projections et le show lumières. Le mur membrane est percé, au niveau du sol, de 13 cocons ovales, recouverts de cuir vert vif, où les clients peuvent se reposer entre deux tours de piste. Cinq cocons supplémentaires, logés dans la partie haute du mur, font office d'espaces VIP tandis qu'un lounge VIP permet d'accueillir 20 personnes. La piste de danse divisée en cinq niveaux dispose d'un podium, de deux piliers de danse et de 3 bars.

Het interieur van deze 2.664 m² grote club vormt een symbiose tussen architectuur, multimedia en grafische elementen. Een witte muur met de structuur van een membraan definieert de driehoekige ruimte en dient als projectiescherm waarop een gamma visuals geprojecteerd kunnen worden om de sfeer, het uitzicht en het energieniveau te veranderen. Vanuit de imposante DJ-cockpit die bovenaan de membraanmuur bevestigd is, hebben de DJ en VJ volledige controle over de muziek, projecties en lichtshow. De membraanmuur wordt op vloerniveau doorbroken door 13 ovalen cocons, bekleed in felgroen leer, waar gasten kunnen loungen tussen het dansen door. Vijf extra cocons bovenin de muur dienen als vipboxen, terwijl een viplounge plaats biedt aan 20 personen. De dansvloer, onderverdeeld in 5 niveaus, biedt plaats aan een podium, 2 danszuilen en 3 bars.

COCOONCLUB – CARL-BENZ-STRASSE 21, 60386 FRANKFURT AM MAIN, GERMANY +49 69 900 200 - INFO@COCOONCLUB.NET OR CLUB@COCOONCLUB.NET - WWW.COCOONCLUB.NET

The Cocoonclub was created as an experimental avant-garde place in which space and perception could be transformed.

Le Cocoonclub a été créé comme un lieu avant-gardiste expérimental où transformer l'espace et la perception.

De Cocoonclub werd gecreëerd als experimentele avant-gardeplek waarin ruimte en perceptie getransformeerd konden worden.

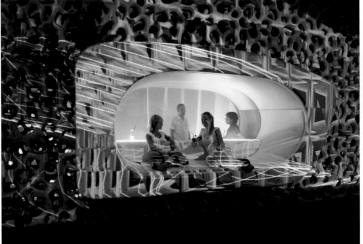

BAROQUE CLUB

Why settle for less

Antique choir stalls, Roman arches, Byzantine lead glass windows, lavish wall and ceiling frescos, majestic staircases, stately statues, stone floors, wrought iron chandeliers, Venetian vases filled with flowers and fruit and everything bathed in the light of hundreds of candles... the interior of the Berlin nightclub Adagio cannot be described as anything other than luxurious. More than 1,500 m² is at the disposal of an elegant yuppie and jetset public that is out for a memorable evening and goes crazy when they hear dance classics, party tracks, current hits and R&B music. The club, that opened its doors in 2001, was equipped 5 years later with a – in terms of Adagio fittingly minimalist – lounge in the immediate vicinity of the dancefloor. The whole location accommodates around 1,000 partygoers.

D'anciennes stalles, des arcs romans, des vitraux byzantins, d'extravagantes fresques et peintures au plafond, des escaliers majestueux, des statues, des sols en pierre, des lustres en fer forgé, des vases vénitiens remplis de fleurs et de fruits... Le tout baignant dans la lumière de centaines de bougies.
L'intérieur de l'*Adagio Berlin* ne peut accepter d'autre qualificatif que celui de somptueux. Plus de 1 500 m² pour accueillir une clientèle huppée et jet set, sortis en quête d'une soirée inoubliable, tout en écoutant des classiques entraînants, des tubes d'aujourd'hui et de la musique R'n'B. Le club, qui a ouvert ses portes en 2001, s'est vu équipé, cinq ans plus tard, d'un lounge ultra minimaliste - selon les termes de l'*Adagio* - à proximité immédiate de la piste de danse. L'établissement peut accueillir un millier de fêtards.

Antieke koorbanken, Romaanse bogen, Byzantijnse glas-in-loodramen, overdadige fresco's en plafondschilderingen, majestueuze trappen, statige standbeelden, stenen vloeren, smeedijzeren kroonluchters, Venetiaanse vazen gevuld met bloesems en fruit, en dat alles badend in het licht van honderden kaarsen... het interieur van nachtclub Adagio Berlin kan niet anders dan weelderig genoemd worden. Meer dan 1.500 m² staat ter beschikking van het elegante yupen jetsetpubliek dat uit is op een memorabel avondje en uit de bol gaat bij het horen van dansklassiekers, partytracks, hedendaagse hits en R'n'B-muziek. De club, die haar deuren opende in 2001, werd 5 jaar later uitgerust met een – in Adagio-termen behoorlijk minimalistische – lounge in de onmiddellijke nabijheid van de dansvloer. De hele locatie heeft plaats voor ongeveer 1.000 feestgangers.

Adagio offers its guests the largest drinks selection in Germany.

L'Adagio présente la carte de boissons la plus diversifiée de toute l'Allemagne.

Adagio beschikt over het meest uitgebreide drankenaanbod in Duitsland.

ADAGIO BERLIN – CONRAD MALDIVES RANGALI ISLAND – Marlene-Dietrich-Platz 1, 10785 Berlin, Germany (and also in Lüzern and Zürich, Switzerland) - +49 (0)30 25 89 89 0 - info@adagio.de - www.adagio.de

TAINMENT & SERVICE

VIRTUAL
BAR AUSTRIA

High-tech heaven

The Mayday Bar on the 2nd floor of the Red Bull Hangar 7 towers in Salzburg is equipped with a spectacular communication and amusement platform. The bar is equipped with a high tech bar counter, consisting of 18 computer controlled projection screens that treats the visitor to constant activity underneath their drink. In this way you can enjoy the animated aeroplanes that carry out real cartoon style acrobatic manoeuvres around your glass and bring messages from one guest to another. Furthermore, there is a real virtual world under the bar counter, populated by virtual waiters and waitresses who respond to the guests, each other and the drinks. For example, put a can of Red Bull on your table and the waiter suddenly gets wings and flies around your drink.

Le *Mayday Bar,* au 2e étage de la tour *Red Bull Hangar* 7 de Salzburg, est équipé d'une plate-forme de communication et de divertissement. L'établissement comporte une surface bar hautement technologique, composée de 18 écrans de projection contrôlés par ordinateur et destinés à divertir le client. Vous pouvez ainsi profiter des animations comme les manœuvres acrobatiques d'un avion tournant autour de votre verre et apportant des messages d'un client à un autre. Sous la surface du bar se trouve une immense ville virtuelle, peuplée de serveurs virtuels qui réagissent aux commandes des clients, entre eux, et en fonction des boissons. Mettez, par exemple, une cannette de *Red Bull* sur la table devant vous et le serveur se voit pousser des ailes pour effectuer un petit vol autour de votre verre.

De Mayday Bar op de 2de verdieping van de Red Bull Hangar 7-torens in Salzburg beschikt over een spectaculair communicatie- en amusementsplatform. De zaak is uitgerust met een hoogtechnologisch baroppervlak, bestaande uit 18 computergecontroleerde projectie-schermen die de bezoeker vergasten op constante activiteit onder zijn of haar drankje. Zo kan je genieten van animaties van vliegtuigen die in ware stripverhaalstijl acrobatische manoeuvres uitvoeren rond je glas en boodschapjes van de ene gast naar de andere overbrengen. Onder het baroppervlak bevindt zich bovendien een heuse virtuele stad, bevolkt door virtuele diensters en obers die reageren op de gasten, elkaar en de drankjes. Zet bijvoorbeeld een blikje Red Bull voor je op tafel, en de ober van dienst krijgt prompt vleugels om een rondje rond je drankje te maken.

MAYDAY BAR – RED BULL HANGAR-7, WILHELM-SPAZIER-STRASSE 7A, 5020 SALZBURG, AUSTRIA · +43 662 21 97 0 · OFFICE@HANGAR-7.COM · WWW.HANGAR-7.COM

Red Bull Hangar-7 is a technological wonderland that also houses an aeroplane museum, art gallery, restaurant and 3 bars.

Red Bull Hangar-7 incarne un pays des merveilles qui propose un musée de l'air, une galerie d'art, un restaurant et trois bars.

Red Bull Hangar-7 vormt een technologisch wonderland dat onderdak biedt aan een vliegtuigmuseum, kunstgalerie, restaurant en 3 bars.

DO-IT CZECH REPUBLIC -YOURSELF PUB

Drink until you drop

Do you hate queuing endlessly at the bar trying in vain to get the barman's attention too? Those days are long gone in the Czech Republic. The Pilsner Unique Bar has tables that are equipped with their own tap, from which you can pour your pints at your our own tempo. You have the choice of various beers, including Pilsner Urquell; the unpasteurized variety delivered straight from the brewery that is displayed in glass cool box next to the bar; a non-alcoholic beer and a dark Kozel beer that seems to be mostly appreciated by women. A display tells you how many you've had and thanks to an electronic counting system you can not only have a drinking contest with everyone else in the bar but also with the guests who are at any one of the other 6 branches.

Vous détestez les files d'attente interminables au bar et n'en pouvez plus de devoir vous égosiller pour attirer l'attention du barman? En Tchéquie, ce temps est désormais révolu. Le *Pilsner Unique Bar* possède des tables équipées chacune de leur propre pompe, où l'on peut se servir ses bières à son propre rythme. Vous avez le choix entre diverses bières comme la *Pilsner Urquell* ; sa variante non pasteurisée, en provenance directe de la brasserie, qui est exposée dans une cellule de refroidissement en verre, à côté du bar. Vous pouvez également déguster une bière non alcoolisée ou la brune *Kozel*, apparemment très appréciée des femmes. Un écran vous indique le niveau de vos consommations. Grâce à un système électronique télécommandé, vous pouvez aussi participer à des concours avec les autres clients de l'établissement ou de l'une de ses six filiales.

Heb je ook zo'n hekel aan ellenlange wachtrijen voor de bar en vergeefse pogingen om de aandacht van de barman te trekken? In Tsjechië is die tijd voorgoed voorbij. De Pilsner Unique Bar beschikt over tafels die stuk voor stuk uitgerust zijn met een eigen tap, waardoor je op je eigen tempo pintjes kan schenken. Je hebt de keuze uit verscheidene bieren, zoals Pilsner Urquell; de recht uit de fabriek geleverde, ongepasteuriseerde variant, die tentoongesteld wordt in een glazen koelcel naast de bar; een non-alcoholisch biertje en het donkere Kozelbier dat blijkbaar vooral door vrouwen geapprecieerd wordt. Een display vertelt je hoeveel stuks je al binnen hebt, en dankzij een elektronisch telsysteem kan je niet alleen drankwedstrijdjes houden met iedereen in de zaak, maar met alle gasten die zich in een van de 6 filialen bevinden.

THE PUB - PILSNER UNIQUE BAR – Prešovská 16, 301 00 Pilsen, Czech Republic - +420 377 22 11 31 - plzen@thepub.cz - www.thepub.cz

WORLD'S SMALLEST NIGHTCLUB UK

Size really does matter

The Miniscule of Sound was born in 1998 in Hackney, London, in a changing room at an outdoor swimming pool as a parody of the British super club the Ministry of Sound. Ten years later the concept tours the world, and is a highly appreciated presence at summer festivals and events. The club and horsebox measuring 2.4 by 1.2 metres is equipped with a turntable, a *Saturday Night Fever* dance floor, a disco ball and accommodates 16 people. Those who want to enter first have to clear a path through the crew members who play the roles of a grim bouncer, an arrogant owner and spoilt VIPs. Requests from famous DJs (like Fatboy Slim) to spin some tracks is answered with a nonchalant "Send in a demo tape". The record number of visitors is 25 (although not everyone's feet were touching the ground).

Miniscule of Sound a démarré en 1998 à Hackney, à Londres, dans une cabine de piscine à ciel ouvert, comme une parodie du super club britannique Ministry of Sound. Dix ans plus tard, le concept a fait le tour de la terre, et sa présence est très appréciée dans les festivals d'été et les événements. Ce club - véritable calèche à cheval - mesure 2,4 mètres sur 1,2, est équipé d'une platine, d'une piste de danse *Saturday Night Fever* et d'une boule à facettes, le tout pouvant accueillir 16 personnes. Pour entrer, il faut d'abord se frayer un chemin parmi les membres de l'équipe qui jouent le rôle de videurs, de propriétaire arrogant et VIP gâtés. Les demandes de DJ's réputés tels que Fatboy Slim sont traitées avec un désinvolte "Envoyez-nous votre bande de démonstration". La fréquentation record est de 25 personnes, toutefois, tous les pieds ne se trouvaient pas simultanément à terre.

Miniscule of Sound ontstond in 1998 in Hackney, Londen, in een kleedhokje van een openlucht-zwembad als een parodie op de Britse superclub Ministry of Sound. Tien jaar later toert het concept de wereld rond, en is het een fel gesmaakte aanwezigheid op zomerfestivals en evenementen. De club – een paardentrailer van 2,4 op 1,2 meter uitgerust met een draaitafel, een *Saturday Night Fever*-dansvloer en een discobal – biedt plaats aan 16 mensen. Wie de zaak wil betreden, moet zich eerst een weg zien te banen langs de crewleden, die de rollen vertolken van barse buitenwipper, arrogante eigenaar en verwende vipgasten. Verzoeken van beroemde DJ's (zoals Fatboy Slim) om ook eens te mogen draaien worden beantwoord met een nonchalant "Stuur maar een demotape in". Het recordaantal bezoekers is 25 (hoewel niet ieders voeten toen de grond raakten).

The idea arose when the makers were looking for a way to get into festivals for free. "And then we even started paying ourselves to go!"

L'idée est née alors que ses créateurs cherchaient un moyen d'entrer gratuitement dans les festivals. "Et c'est alors qu'ils ont commencé à nous payer pour nous faire venir !"

Het idee ontstond toen de makers op zoek gingen naar een manier om gratis binnen te mogen op festivals. "En toen begonnen ze ons zelfs te betalen om te komen!"

MINISCULE OF SOUND – CAN BE BOOKED AROUND THE WORLD - WWW.MINISCULEOFSOUND.COM - MINISCULEOFSOUND@HOTMAIL.COM

PRIVATE ROOM CLUB USA

Life's sweet in this suite

"If hotel rooms have minibars, why not create a bar that offers room service?" thought nightclub mogul Chris Reda, and Room Service was born. This New York club is equipped with 9 private rooms, varying from intimate little rooms to a presidential suite and offers services that are normally associated with five star hotels. The rooms can be hired for a whole evening from 1,000 dollars and come with comfortable sofas, private cloakroom service, stocked minibar, flat screen TV and DVD player, a safe and drawer full of mouthwash, toothpaste and condoms. Guests who book a room are allocated a butler who has the task of providing whatever they may desire – whether that is a tailor made cocktail, a massage, silk pyjamas or a five course meal.

"Puisque les chambres d'hôtel disposent de minibars, pourquoi ne pas créer un bar qui offre le room service ?", s'est dit le mogol des boîtes de nuit Chris Reda. Ainsi est né *Room Service*. Ce club new-yorkais est équipé de neuf espaces privés, allant de petites chambres intimes à une suite présidentielle. Ils offrent des services généralement réservés aux hôtels. Pour 1 000 dollars, les chambres peuvent être louées pour toute la nuit Elles comportent de confortables sièges, un vestiaire, un minibar bien fourni, une télévision à écran plat avec lecteur DVD, un coffre-fort et un stock de bains de bouche, pâte dentifrice et préservatifs. Les clients qui réservent une chambre se voient désigner un majordome qui a pour mission de satisfaire toutes leurs requêtes - un cocktail sur mesure, un massage, un pyjama de soie ou un repas à cinq plats.

"Als hotelkamers over minibars beschikken, waarom dan geen bar creëren die room service aanbiedt?", dacht nachtclubmogul Chris Reda, en Room Service was geboren. Deze Newyorkse club is uitgerust met 9 privéruimtes, variërend van intieme kamertjes tot een presidentiële suite, en biedt diensten aan die normaal gezien geassocieerd worden met vijfsterrenhotels. De kamers kunnen voor een bedrag vanaf 1.000 dollar een hele avond afge-huurd worden en beschikken over comfortabele zetels, een vestiaire-kast, een gevulde minibar, een flatscreen-tv en dvd-speler, een kluisje en een lade vol mondspoe-ling, tandpasta en condooms. Gasten die een kamer boeken, krij-gen een butler toegewezen die de opdracht heeft gekregen in alle wensen te voorzien -of het nu gaat om een op maat gemaakte cocktail, een massage, een zijden pyjama of een vijfgangenmaaltijd.

ROOM SERVICE – 35 EAST 21 STREET, NEW YORK, NEW YORK 10010, UNITED STATES OF AMERICA - INFO@ROOMSERVICENY.COM - WWW.ROOMSERVICENY.COM

In addition to the private rooms, there is indeed a large club room with space for 13 tables and a dance floor.

Et oui, à côté des espaces privés, il y a même un grand espace comprenant 13 tables et une piste de danse.

Uiteraard is er naast de privéruimtes ook een grote clubruimte met plaats voor 13 tafels en een dansvloer.

CAMERA BAR USA

Somebody's watching me

For those not shy of the spotlight and up for their 15 minutes of fame, there was for a short time only, just one address: Remote Lounge. This club had more than 60 cameras that enabled it to keep an eye on you throughout every square inch of the place. The cameras were operated by the guests with help of video screens equipped with joysticks, telephones and software to send graphic messages. The images were shown on more than 100 screens and could even be uploaded onto the Remote Lounge website. An ideal place to spy on people then, although you have to accept that you will also be and remain the object of curious looks. Because despite the fact that some people didn't like to find evidence of their behaviour on the internet, the bar's motto was "whatever goes online, stays online."

Pour les amateurs de spotlights, sorti pour *15 minutes of fame*, il y avait, jusqu'à il y a peu, une adresse incontournable: le *Remote Lounge*. Cet établissement, truffé de plus de 60 caméras, vous permettait de surveiller cet espace, au centimètre carré près. Les caméras étaient commandées par les clients munis de joysticks qui, grâce à des écrans vidéo, des téléphones et un logiciel adapté, pouvaient s'envoyer des messages graphiques. Les images étaient alors diffusées sur plus de cent écrans et pouvaient même être postées sur le site internet du *Remote Lounge*. L'endroit idéal, donc pour espionner les gens même si, bien sûr, vous aussi, vous faisiez l'objet d'une curiosité permanente. Car malgré le fait que certains n'appréciaient pas de retrouver les preuves de leur comportement sur internet, le mot d'ordre du bar était "ce qui est mis en ligne, reste en ligne".

Voor wie de *spotlights* niet schuwde en uit was op zijn 15 *minutes of fame*, was er tot voor kort maar 1 adres: Remote Lounge. Deze zaak beschikte over 60 camera's die je in staat stelden om elke vierkante centimeter van de ruimte in de gaten te houden. De camera's werden door de gasten bediend met behulp van videoschermen uitgerust met joysticks, telefoons en software om grafische boodschappen te versturen. De beelden werden weergegeven op meer dan 100 schermen, en konden door de bezoekers zelfs op de Remote Lounge-website gegooid worden. De ideale plek dus om mensen te bespieden, al moest je er wél bij nemen dat je zelf ook het onderwerp van nieuwsgierige blikken vormde -én bleef. Want ondanks het feit dat sommigen het niet leuk vonden om bewijzen van hun gedrag op het internet terug te zien, huldigde de bar het motto "wat *online* gaat, blijft *online*".

REMOTE LOUNGE – 322 BOWERY, NEW YORK, NEW YORK 10010, UNITED STATES OF AMERICA - UNFORTUNATELY, THIS VENUE CLOSED ITS DOORS IN NOVEMBER 2007

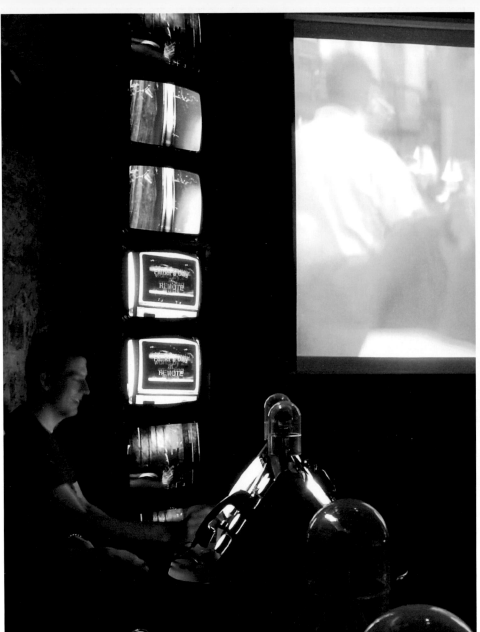

The setting was designed to encourage experimentation, and to redefine concepts such as exhibitionism and voyeurism.

L'environnement a été créé afin d'effectuer des expérimentations et de redéfinir les termes exhibitionnisme et voyeurisme.

De omgeving was ontworpen om experimenteren te bevorderen, en begrippen zoals exhibitionisme en voyeurisme te herdefiniëren.

The bar, designed by Jordan Parnass Digital Architecture, encompassed 2 floors and could accommodate 300 people.

Le bar, dessiné par Jordan Parnass Digital Architecture, se développe sur deux étages et offre 300 places.

De bar, ontworpen door Jordan Parnass Digital Architecture, besloeg 2 verdiepingen en bood plaats aan 300 mensen.

SCIENTIST CAFE JAPAN

Meet the mad scientist

For the Japanese nothing is too crazy, and themed bars are popping up like mushrooms. Without doubt amongst the most popular are the 'maid cafés', places where sexily dressed waitresses behave like subservient maids who would do anything for their 'masters'. Maid cafés are mainly frequented by otaku, men who are interested in manga and find it difficult to talk to women. In response to this, some Japanese feminists set up a science café. In this café men and women wearing lab coats and glasses deal with the customers, while maids and geisha's with a winding mechanism on their backs robotically take care of the waitressing. When they make a mistake the scientists apologize for the poor performance of their robots.

Aux yeux des Japonais, rien n'est trop fou. Et les cafés à thème fleurissent partout. Les maid cafés, où officient des serveuses en tenue sexy, obéissant aux ordres du maître, figurent parmi les plus populaires. Les Maid cafés sont fréquentés par les otaku, des hommes souvent passionnés de mangas qui éprouvent des difficultés à nouer le dialogue avec les femmes. En réaction à ce phénomène, quelques féministes japonaises ont décidé de démarrer un café des scientifiques. Ce café est tenu par des hommes et des femmes, chaussés de lunettes et vêtus en tenue de labo. Pour s'occuper du service, il y a les soubrettes et des geishas équipées d'un mécanisme de commande dans le dos qui leur confèrent les mouvements saccadés des robots. Chaque fois qu'elles commettent une erreur, les scientifiques se confondent en excuses pour les disfonctionnements de leurs robots.

Voor de Japanners is niks te gek, en themacafés schieten er dan ook als paddenstoelen uit de grond. Tot de populairste horen ongetwijfeld de "maid cafés", zaken waarin sexy geklede serveersters zich gedragen als onderdanige bedienden die alles over hebben voor hun "meesters". Maid cafés worden vooral bezocht door otaku, mannen die in manga geïnteresseerd zijn en moeite hebben met het aanspreken van vrouwen. Als reactie hierop besloten enkele feministische Japanse vrouwen een wetenschappercafé te beginnen. In dit café onderhouden vrouwen en mannen met laboratoriumjassen en brillen de klanten, terwijl kamermeisjes en geisha's met een opwindmechanisme op hun rug op robotische manier zorgen voor de bediening. Telkens zij een fout maken, putten de wetenschappers zich uit in verontschuldigingen voor de slechte werking van hun robots.

CAFE SCIFI+TIQUE – INFO@SCIFITIQUE.ORG · HTTP://SCIFITIQUE.ORG

ぜんまい
工房
Clock work
factory

試作機

Proto typᵉ

The café does not have a fixed location and is mainly set up at fairs and events.

Ce café n'a pas d'adresse fixe. Le plus souvent, il est installé lors de foires ou d'événements.

Het café heeft geen vaste locatie en wordt vooral opgesteld op beurzen en evenementen.

iCLUB ᴜᴷ

iCame, iSaw & iDid

Looking for a club where creativity is just as important as wearing the right clothes? Then hurry down to Twentyfour:London! At its launch, this place was described as having the most technologically advanced club interior in the world and this was not a word of a lie. Thanks to the iWalls you can not only choose which background you would like, a Matrix décor, a stormy sea or the Californian desert, you can also let tree grow or fishes swim or smear interactive paint on the walls. Thirsty? Put your empty glass or rest your hand on the iBar and a beam of light alerts the barman to your condition. In addition, the club is equipped with an LED system that can create more than 1,000 colour combinations, so that the place can be immersed in a sea of blue, green or purple, depending on your mood.

Cherchez-vous un bar où la créativité importe autant que le port de vêtements ? Direction le Twentyfour, à Londres! A son lancement, en 2007, cet établissement pouvait se targuer de disposer de l'intérieur le plus avancé au monde sur un plan technologique. Grâce au *iWalls*, on peut non seulement choisir l'arrière-plan – le décor de *Matrix*, une mer sereine ou le désert californien – on peut aussi faire pousser les arbres, faire nager des poissons, ou badigeonner de la peinture interactive sur le mur. Soif? Déposez votre verre vide ou votre main languissante sur le *iBar* et un rayon lumineux informe le barman. Le club est équipé en outre d'un système d'éclairage *LED* qui peut créer plus de 1 000 combinaisons de couleurs. Selon l'humeur, elles vous plongent dans un océan bleu, vert ou mauve.

Op zoek naar een club waar creativiteit even belangrijk is als de juiste kleren dragen? Rep je naar Twentyfour:London! Deze zaak ging er bij de lancering in 2007 prat op over het meest technologisch geavanceerde clubinterieur ter wereld te beschikken, en daar is geen letter van gelogen. Dankzij de iWalls kan je niet enkel kiezen tegen welke achtergrond je wil afsteken – een *Matrix*-decor, een bulderende zee of de Californische woestijn – je kan ook bomen laten groeien, visjes laten zwemmen of interactieve verf op de muur smeren. Dorst? Zet je lege glas of leg je hunkerende hand op de iBar en een lichtstraal verwittigt de barman van je toestand. De club is bovendien uitgerust met een LED-systeem dat meer dan 1.000 kleurencombinaties kan creëren, waardoor ze naargelang je stemming ondergedompeld kan worden in een zee van blauw, groen of paars.

TWENTYFOUR:LONDON – 24 Kingly Street, London W1B 5QB, United Kingdom - +44 (0)20 7494 9835 - info@24london.eu - www.24london.eu

Soon it will also be possible, with the help of the iWalls, to flick through the menu and to order without having to be face to face with the barman.

Il sera bientôt possible, grâce aux iWalls, de passer commande sans avoir à regarder le barman dans les yeux.

Binnenkort zal het ook mogelijk zijn om met behulp van de iWalls het menu te doorbladeren en te bestellen zonder de barman in de ogen te moeten kijken.

The iBar and iWalls were designed by Mindstorm Interactive Surface Solutions, a company that has fitted out numerous establishments with interactive surfaces.

Le iBar et ses iWalls ont été développés par Mindstorm Interactive Surface Solutions, une entreprise qui a entre-temps équipé de nombreux autres établissements de surfaces interactives.

De iBar en iWalls werden ontworpen door Mindstorm Interactive Surface Solutions -een bedrijf dat intussen tal van zaken uitrustte met interactieve oppervlakken.

WATER CLUB SPAIN

Wet, wet, wet

Imagine 4,000 m² of lush gardens, a sultry Spanish night, the best trance beats and then, to the rhythm of I'm singing in the rain, a gigantic wave that washes over the dance floor and transforms it into a gigantic swimming pool... Es Paradis is not only one of the oldest, but also one the most famous nightclubs in Ibiza, and for good reason: during the weekly Fiestas del Agua on Saturday, the sunken dance floor is filled with 80,000 litres of water, guaranteeing an interesting experience. Add to this a fountain that soaks everyone who comes near it and the party is complete. The interior of the club is filled with white Doric and Corinthian columns, temples and terraces, covered by an enormous pyramid shaped glass roof that can be opened at sunrise by means of a hydraulic system.

Imaginez un luxuriant jardin de 4 000 m², par une sensuelle nuit espagnole, bercé des meilleurs battements transe. Et soudain, au son de *I'm singing in the rain*, un gigantesque raz de marée se déverse sur la piste de danse, transformée en piscine géante... *Es Paradis* est non seulement une des boîtes de nuit les plus anciennes d'Ibiza, mais aussi une des plus réputées. Et pour cause : durant les *Fiestas del Agua* qui se déroulent chaque samedi, cette piste de danse encastrée est remplie de 80 tonnes d'eau, annonçant une expérience intéressante. Ajoutez-y des jets d'eau qui arrosent tout le monde et la fête bat son plein. L'intérieur du club comporte des colonnes doriques et corinthiennes, des temples et des terrasses, sous un énorme toit de verre, de forme pyramidale, qui peut s'ouvrir lorsque le soleil est au rendez-vous.

Stel je een weelderige tuin voor van 4.000 m² een zwoele Spaanse nacht, de beste trancebeats, en dan, op het ritme van I'm singing in the rain, een gigantische vloedgolf die de dansvloer overspoelt en omtovert in een gigantisch zwembad... Es Paradis is niet alleen een van de oudste, maar tevens een van de beroemdste nachtclubs van Ibiza - en met reden: tijdens de wekelijkse Fiestas del Agua op zaterdag wordt de verzonken dansvloer gevuld met 80.000 liter water, wat garant staat voor een interessante ervaring. Voeg daar nog eens fonteinen aan toe die iedereen doorweken die in de buurt komt, en het feest is compleet. Het interieur van de club bestaat uit witte Dorische en Korinthische zuilen, tempels en terrassen, overkoepeld door een enorm piramidevormig glazen dak dat bij zonsopgang met behulp van een hydraulisch systeem geopend wordt.

ES PARADIS – C/Salvador Espriu, 2, Sant Antoni de Portmany, Ibiza, Spain · +34 97134 66 00 · info@esparadis.com · www.esparadis.com

You may not enter the nightclub wearing your bathing costume but of course nobody will hold it against you if you wear it under your clothes.

On ne peut pas pénétrer en maillot de bain dans ce club mais personne ne peut vous empêcher de l'enfiler sous vos vêtements.

Je mag de nachtclub niet betreden in badpak, maar uiteraard houdt niemand je tegen om het alvast onder je kleren aan te trekken.

There are 6 bars and plenty of space for 3,000 soaking wet clubbers.

L'établissement possède 6 bars et peut accueillir 3 000 clubbers mouillés.

De zaak beschikt over 6 bars en ruim voldoende plaats voor 3.000 kletsnatte clubgangers.

ARC

HITECTURE

CHURCH BAR

THE NETHERLANDS

Going for coffee with God

Some enthusiasts label coffee as manna from heaven and looking at this place we can't argue with them. This unique Coffeelovers bar is part of the Selexyz Dominicanen bookshop, which was established in an 800 year old church. Given that there was only 750 m² of floor space available and the owners required 1,200 m² for their shop, architect's firm Merkx + Girod decided to take advantage of the height of the space and install a three storey asymmetrical steel 'block of book flats'. From the top, you have a breathtaking view over the church, the ceiling paintings and the central eye-catching bar in the former choir: a long reading table in the shape of a cross, lit by a halo shaped light. Slits through the middle of the table serve as magazine racks.

Certains amateurs considèrent le café comme un breuvage divin et à observer cet établissement, on ne peut leur donner tort.
Le *Coffeelovers-bar* fait partie de la librairie *Selexyz Dominicanen*, établie dans une église vieille de 800 ans. Comme l'espace n'offrait que 750 m² alors que les propriétaires en souhaitaient 1 200, le bureau d'architectes *Merkx & Girod* a décidé de diviser l'espace en hauteur, en installant sur trois étages un "boekenflat" (flat à livres) asymétrique et acier.
D'en haut, on bénéficie d'une vue à couper le souffle sur l'intérieur de l'église, ses peintures au plafond et le bar central dans l'ancien chœur, où trône une longue table de lecture en forme de croix, éclairée par une lampe formant un halo. Les fentes qui parcourent la table servent à présenter les magazines.

Sommige liefhebbers bestempelen koffie als een hemels goedje en als we deze zaak bekijken, kunnen we ze geen ongelijk geven. Deze unieke Coffeelovers-bar maakt deel uit van de Selexyz Dominicanen boekhandel, die is gevestigd in een 800 jaar oude kerk. Aangezien er slechts 750 m2 vloerruimte voorhanden was en de eigenaars over een winkeloppervlakte van 1.200 m² wilden beschikken, besloot architectenbureau Merkx + Girod de hoogte van de ruimte uit te buiten door er een 3 verdiepingen tellende stalen "boekenflat" asymmetrisch in te installeren. Van bovenin heb je een adembenemend zicht op de kerk, de plafondschilderingen én op de centrale blikvanger van de bar in de voormalige koorruimte: een lange, kruisvormige leestafel verlicht door een lamp in de vorm van een halo. De spleten die door het midden van de tafel lopen, dienen om magazines in te bewaren.

COFFEELOVERS IN BOEKHANDEL SELEXYZ DOMINICANEN – DOMINIKANERKERKSTRAAT 1, 6211 CZ MAASTRICHT, THE NETHERLANDS - +31 (0)43 356 08 32 - WWW.COFFEELOVERS.NL

WAR MONUMENT CLUB

Inside out bunker

The location of club B018 could be described as macabre, to say the least: La Quarantaine is an area on the outskirts of Beirut that served as a refugee camp until its 20,000 inhabitants were murdered by local militia in 1976 during the Lebanese civil war. Architect Bernard Khoury wanted to emphasize the historical significance of the location and that is why he chose a dramatically metaphorical structure. He created an underground club, imbedded in a round concrete shaft that sticks out just above the asphalt and is encircled by parking spaces. More or less invisible during the day, B018 comes alive late in the evening, when the heavy metal roof folds back and brings the night sky into the club. A reshaped mirror above the bar in the corner set at a 50° angle ensures that the city and the cars on the motorway are also part of the club's atmosphere.

L'emplacement du club *B018* peut pour le moins sembler macabre : la *Quarantina* se situe aux confins de Beyrouth, à un endroit qui servait de camp de réfugiés jusqu'à ce que la milice locale tue ses 20 000 occupants en 1976, durant la guerre civile libanaise. L'architecte Bernard Khoury voulait souligner le caractère historique de l'endroit, c'est pourquoi il a opté pour une structure métaphorique dramatique. Il a créé un club souterrain, logé dans un cratère de béton, qui émerge de l'asphalte et est entouré de places de parking. Invisible le jour, le *B018* s'anime le soir venu lorsque le lourd toit de métal s'ouvre, laissant la nuit étoilée s'introduire dans le club. Un miroir déformé placé dans un angle à 50° au dessus du bar permet que la ville et les voitures circulant sur l'autoroute fassent partie de l'animation.

De locatie van club B018 is op zijn minst macaber te noemen: de Quarantaine is een plek aan de rand van Beiroet die dienst deed als vluchtelingenkamp tot een lokale militie de 20.000 kampbewoners in 1976 uitmoordde tijdens de Libanese burgeroorlog. Architect Bernard Khoury wilde de historische littekens van de locatie benadrukken en koos daarom voor een dramatische metaforische structuur. Hij creëerde een ondergrondse club, ingebed in een ronde betonnen schijf die net boven het asfalt uitsteekt en omringd wordt door parkeerplaatsen. Overdag vrijwel onzichtbaar, komt B018 pas in de late uren tot leven, wanneer het zware metalen dak open plooit en de nachthemel in de club geïntroduceerd wordt. Een vervormende spiegel boven de bar in een hoek van 50° zorgt ervoor dat ook de stad en de auto's op de snelweg deel uitmaken van het clubleven.

B018 – Quarantina, Lot N. 317, Beirut, Lebanon - + 961 1 580 018

The coffin-like velour folding chairs are also used as dance podiums.

Les sièges pliants en forme de cercueils couverts de velours servent aussi de podiums pour danser.

De doodskistachtige inklapbare zetels met velours bekleding doen ook dienst als danspodia..

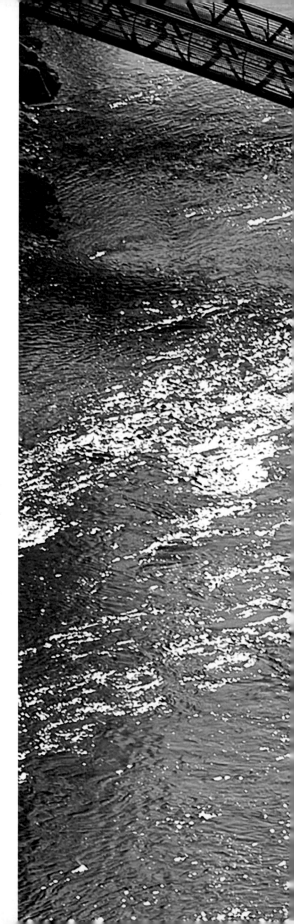

BRIDGE
BAR AUSTRIA

Bridge over troubled waters

The Austrian town of Graz, whose only claim to fame was being the birthplace of Arnold Schwarzenegger, has recently added a touristy plus point. Aiola Island (also know as Mur Island or Murinsel) is an admirable example of architecture that was created by the New York artist Vito Acconci on the occasion of Graz being awarding the European Capital of Culture in 2003. The 47 metre long steel bridge in the shape of a knot in the middle of the river Mur consists of a dome, basin and two footbridges. While the basin is used as a multifunctional public space and theatre, and the dome accommodates a café, the crossing between the two is a children's playground with lots of climbing frames. From the terrace, you have a beautiful view over the waterfall that flows over the dome and into the river.

Graz, ville natale d'Arnold Schwarzenegger en Autriche, dispose depuis peu d'un nouvel atout touristique : *Aiola Island* (aussi connu sous le nom de *Mur Island* ou Murinsel). Ce petit bijou d'architecture a été créé par l'artiste new-yorkais Vito Acconci, à l'occasion de la nomination de Graz comme capitale européenne de la culture, en 2003. Un pont d'acier, long de 47 mètres, forme un nœud au centre de la rivière Mur. L'ensemble se compose d'une coupole, d'un bassin et de deux pontons. Le bassin sert d'espace public multifonctionnel et d'amphithéâtre, la coupole abrite un café et, entre les deux, un air de jeux offre de nombreuses possibilités d'escalade. Depuis la terrasse, on a une vue magnifique sur la cascade, qui se déverse depuis la coupole dans la rivière.

Het Oostenrijkse Graz, dat tot voor kort vooral bekend stond als geboorteplaats van Arnold Schwarzenegger, heeft er sinds kort een toeristische troefkaart bij. Aiola Island (ook gekend als Mur Island of Murinsel) is een bewonderenswaardig staaltje architectuur dat gecreëerd werd door de Newyorkse kunstenaar Vito Acconci naar aanleiding van het feit dat Graz in 2003 de Culturele Hoofdstad van Europa was. De 47 meter lange stalen brug in de vorm van een knoop middenin de rivier Mur bestaat uit een koepel, een bassin en 2 loopbruggen. Terwijl het bassin dienst doet als multifunctionele publieke ruimte en theater, en de koepel plaats biedt aan een café, ontstaat op de overgang tussen beide een speeltuin met veel klimmogelijkheden. Vanaf het terras heb je een prachtig uitzicht op de waterval, die over de koepel heen de rivier in stroomt.

AIOLA ISLAND / MUR ISLAND – MUR 1, 8010 GRAZ, AUSTRIA - +43 (0) 316 82 26 60 - MURINSEL@TELE2.AT - WWW.AIOLA.AT - WWW.INSELINDERMUR.AT

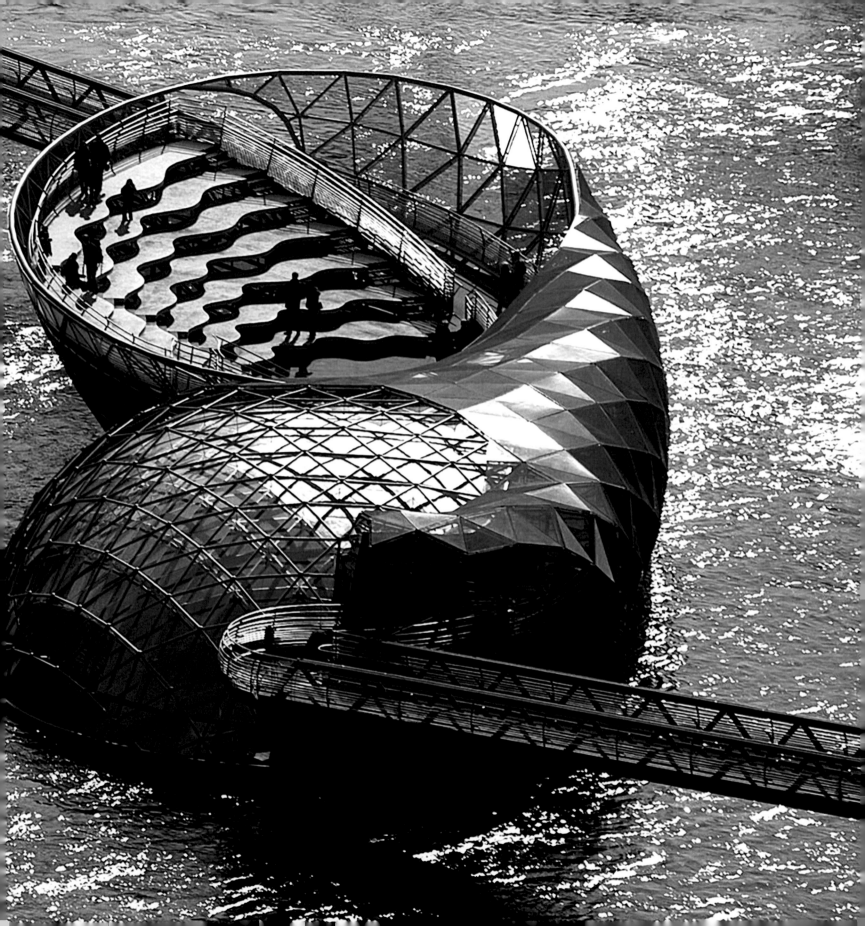

The different functions flow into each other: in the theatre the playground forms the background of the stage and a part of the café's ceiling.

La plaine de jeux s'amarre à l'arrière du podium de l'amphithéâtre et s'imbrique dans le plafond du café,

De functies lopen door elkaar: de speeltuin vormt in het theater de achtergrond van het podium en maakt in het café deel uit van het plafond.

HANGING BAR AUSTRIA

Walking on thin air

Red Bull gives you wings - and how! At the top of Red Bull Hangar-7 you find yourself in a bar that literally makes you feel like you're floating. Threesixty Bar is made entirely of glass, from floor to ceiling and provides a startling birds eye view of the fleet of vintage aeroplanes that belong to the Flying Bulls show team arranged below. Hangar-7, an architectural tour de force in the shape of a wing with a surface area of 4,000 m², contains an aeroplane museum, an art gallery, a restaurant and 3 bars. This unique place where technology, art and passion combine, opened its doors in 2003 and has quickly become Salzburg's hippest meeting place. Visitors wander first past the aeroplanes, then take the spiral shaped footbridge to the Threesixty Bar for an aperitif before dinner in the restaurant.

Red Bull vous donne des ailes ... et comment! Au sommet du *Red Bull Hangar-7* se trouve un bar qui vous donne littéralement l'impression de planer. *Threesixty Bar* est muré de verre, du sol au plafond, et procure une vue panoramique sur la flotte d'avions des *Flying Bulls*. *Hangar-7* est un chef d'œuvre d'architecture qui s'étend sur 4 000 m². Ce lieu unique où se rencontrent la technologie, l'art et la passion a ouvert se portes en 2003 et est rapidement devenu un des lieux de rencontre les plus branchés de Salzbourg. Les visiteurs commencent par se promener entre les avions, avant d'emprunter le pont en spirale menant au *Threesixty Bar*, pour un apéritif, avant de rejoindre le restaurant.

Red Bull geeft je vleugels - en hoe! In de top van Red Bull Hangar-7 bevindt zich een bar die je letterlijk het gevoel geeft dat je zweeft. Threesixty Bar werd van vloer tot plafond in glas uitgevoerd en biedt een verrassend vogelperspectief op de vintagevliegtuigenvloot van het Flying Bulls-showteam die beneden opgesteld staat. Hangar-7, een architecturaal hoogstandje in de vorm van een vleugel met een oppervlakte van 4.000 m², biedt onderdak aan een vliegtuig-museum, een kunstgalerij, een restaurant en 3 bars. Deze unieke plek waar technologie, kunst en passie elkaar ontmoeten, opende zijn deuren in 2003 en is snel uitge-groeid tot Salzburgs hipste ont-moetingsplaats. Bezoekers dwalen eerst langs de vliegtuigen, alvorens de spiraalvormige loopbrug te nemen naar Threesixty Bar voor het aperitief, om te eindigen in het restaurant.

THREESIXTY BAR – Red Bull Hangar-7, Wilhelm-Spazier-Strasse 7A, 5020 Salzburg, Austria - +43 662 21 97 0 - office@hangar-7.com - www.hangar-7.com

Three barmaids, flown in from the most exotic corners of the world, provide a varied cocktail menu and an international atmosphere.

Trois serveuses, débarquées des coins les plus exotiques du monde, se chargent d'une carte de cocktails variés, ce qui confère au bar une ambiance internationale.

Drie bardames, die worden ingevlogen uit de meest exotische uithoeken van de wereld, zorgen voor een gevarieerd cocktailmenu en een internationale sfeer.

Impression of setup work for an event.

Impression du travail préparant un événement.

Impressie van voorbereidingen voor een evenement.

LIGHT CLUB TRAVELLING

Glow in the dark

Kubik has shown since 2006 that a cool club design doesn't need to cost a fortune. This temporary and easily transportable club concept brings vacant city spaces to life with the help of recycled water tanks, coloured lights and electronic music. It was dreamed up by the cultural management office Balestra Berlin, the architects at Modulor Beat and lighting artist Andreas Barthelmes. This new outdoor club concept was welcomed with open arms by party communities throughout Europe during the last few summers, when Kubik turned up in Berlin, Barcelona, Lisbon and Milan. The stacked 1,000 litre water tanks, can function separately and light up in various colours, for a spectacular background that vibrates along to the beats of minimalist electronic music.

Un club design qui ne coûte pas nécessairement une fortune ? C'est ce que prouve *Kubik*, depuis 2006. Ce concept éphémère et mobile anime les places vides des villes au moyen de réservoirs d'eau recyclés, de lumières de couleurs et de musique électronique. Pensé par le bureau de gestion culturelle *Balestra Berlin*, les architectes de *Modulor Beat* et l'artiste Andreas Barthelmes, ce concept de club en plein air a été accueilli à bras ouverts l'été dernier par la *party community* de toute l'Europe. *Kubik* est ainsi allé à Berlin, Barcelone, Lisbonne et Milan. Les réservoirs de 1 000 litres assemblés et illuminés dans des couleurs vives forment un décor qui vibre au rythme d'une musique électronique minimaliste.

Dat een cool clubdesign geen handenvol geld hoeft te kosten, bewijst Kubik al sinds 2006. Dit tijdelijke en gemakkelijk verplaatsbare clubconcept brengt ongebruikte stedelijke ruimtes tot leven met behulp van gerecycleerde watertanks, gekleurde lichten en elektronische muziek. Bedacht door het culturele managementbureau Balestra Berlin, de architecten van Modulor Beat en lichtkunstenaar Andreas Barthelmes, werd dit nieuwe openlucht-club-concept de afgelopen zomers met open armen onthaald door de *party community* van gans Europa. Zo deed Kubik onder meer al Berlijn aan, Barcelona, Lissabon en Milaan. De opeengestapelde watertanks van 1.000 liter, apart bedienbaar en in verschillende kleuren verlicht, vormen een spectaculaire achtergrond die mee vibreert op de beats van minimale elektronische muziek.

KUBIK – IN THE SUMMER OF 2008 IN ROME AND AT THE SUDOEST-FESTIVAL IN PORTUGAL (AND OTHER LOCATIONS) · WWW.BALESTRABERLIN.COM

Capacity is also flexible: Kubik Berlin can accommodate 800 people, Kubik Lisbon can welcome 1,500 guests and Kubik Barcelona 2,000.

Sa capacité est également flexible : Kubik Berlin a accueilli 800 personnes, Kubik Lisbonne a pu en recevoir 1 500 et Kubik Barcelone 2 000.

Ook de capaciteit is flexibel: Kubik Berlijn bood plaats aan 800 mensen, Kubik Lissabon kon 1.500 gasten ontvangen en Kubik Barcelona 2.000.

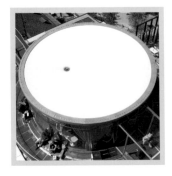

GLASS BOX
CAFE AUSTRIA

Seventh Heaven

With walls made of laminated glass and a translucent membrane roof, this hypermodern circular bar looks like a gigantic light bulb at night. Café - winebar - lounge 360° has a unique location on the roof of Innsbruck's town hall, and is a continuation of the restaurant of the same name, which is also made of glass but has been given a rectangular shape. The bar, which opened its doors in 2005, provides from the 7th floor an unrivalled 360° view of the city and surrounding Alps and was designed by architect Dominique Perrault, just like the city hall and the neighbouring Rathaus Galleries. The curved wall panels can be made to slide halfway open so that the boundary between inside and out largely fades away. The interior is chic and the atmosphere sophisticated.

Avec ses parois de verre et son toit fait d'une membrane translucide, ce bar circulaire ultra moderne ressemble la nuit à une gigantesque ampoule. Café, bar à vin et lounge, le 360° est situé à un endroit exclusif, sur le toit de l'hôtel de ville d'Innsbruck. Il prolonge le restaurant du même nom, également réalisé en verre, mais de forme carrée. Le bar, qui a ouvert ses portes en 2005 offre, du 7e étage, une vue inégalée à 360° sur la ville et les Alpes voisines. Tout comme l'hôtel de ville et la galerie Rathaus toute proche, il a été dessiné par l'architecte Dominique Perrault. Les parois arrondies peuvent être ouvertes sur leur moitié, effaçant ainsi la frontière entre l'extérieur et l'intérieur, au style chic et à l'atmosphère sophistiquée.

Met muren die vervaardigd zijn uit gelamineerd glas en een dak dat bestaat uit een doorschijnend membraan, ziet deze hypermoderne ronde bar er 's nachts uit als een gigantische gloeilamp. Café - wijn-bar - lounge 360° heeft een unieke ligging op het dak van het Stadhuis van Innsbruck, en vormt een ver-lengstuk van het gelijknamige restaurant, dat eveneens in glas uit-gevoerd werd, maar een rechthoe-kige vorm meekreeg. De bar, die haar deuren opende in 2005, biedt vanaf de 7e verdieping een ongeëve-naard zicht van 360° op de stad en de omliggende Alpen, en werd net zoals het Stadhuis en de ernaast gelegen Rathaus-Galerien ontwor-pen door architect Dominique Perrault. De ronde muurpanelen kunnen voor de helft opengescho-ven worden, zodat de grens tussen binnen- en buitenruimte groten-deels vervaagt. Het interieur is chic en de sfeer gesofistikeerd.

360° – RATHAUS, MARIA-THERESIENSTRASSE 18, 7TH FLOOR, 6020 INNSBRUCK, TIROL, AUSTRIA · +0664 840 65 70 50 · OFFICE@360-GRAD.AT · WWW.360-GRAD.AT

The structure appears transparent due to the use of glass panels and the membrane that lets in the sunlight.

La construction est tout en transparence grâce à l'usage de panneaux vitrés et la membrane qui laisse passer la lumière du soleil.

De constructie biedt een transparante aanblik dankzij het gebruik van de glazen panelen en het zonlicht doorlatende membraan.

PUSH BUTTON HOUSE BAR TRAVELLING

Pimp my container

A shipping container that by the touch of a button unfolds into a fully functional house, including a kitchen, dining room, bedroom, living room and library; that is the Push Button House created by the artist Adam Kalkin. The Italian coffee brand Illy considered his design so creative that they decided to buy 2 models to set up as temporary bars at events and trade fairs. These instant houses were especially kitted out with the Francis X7 Hyper Espresso System, which represents a real revolution in espresso preparation using patented capsules that thanks to a 2 phase extraction system produce an intensely aromatic brew. Indeed, the concept seems to be ideal for coffee, (one touch of a button is sufficient to close it again) although we're not entirely sure how guests are supposed to use the toilet...

Un conteneur de bateau qui se transforme, par simple pression sur un bouton, en une maison fonctionnelle incluant cuisine, salle à manger, chambre à coucher, salon et bibliothèque : voici la *Push Button House*, de l'artiste Adam Kalkin. La marque de café italien Illy a trouvé son travail tellement créatif qu'elle a décidé d'en acheter deux afin de les installer comme bars temporaires sur des foires et des événements. Pour l'occasion, ces maisons instantanées ont été spécialement équipées du système *Hyper Espresso Francis X7*. Ce système révolutionne l'expresso à l'aide de capsules brevetées et qui, grâce à une extraction en deux phases, produit un breuvage aromatique intense. Le concept semble idéal pour un café (une pression sur le bouton suffit lorsqu'il est l'heure de fermer), mais nous ne sommes pas certains de la façon dont il faut utiliser les toilettes ...

Een scheepscontainer die zich met 1 druk op de knop ontvouwt tot een volledig functioneel huis, inclusief keuken, eetkamer, slaapkamer, woonkamer en bibliotheek; dat is het Push Button House van kunstenaar Adam Kalkin. Het Italiaanse koffiemerk Illy vond zijn ontwerp zo creatief, dat ze besloten 2 modellen aan te kopen om in te zetten als tijdelijke bars op evenementen en beurzen. Speciaal voor de gelegenheid werden de instanthuizen uitgerust met het Francis X7 Hyper Espresso System, dat zorgt voor een ware espresso-revolutie met behulp van de gepatenteerde capsules die dankzij een extractie in 2 fases een intens aromatisch brouwsel produceren. Het concept lijkt uiteraard ideaal voor een café (één druk op de knop volstaat als het tijd is om te sluiten), al zijn we er niet helemaal zeker van hoe de gasten het toilet moeten gebruiken...

The 4 hydraulic walls, which each weigh a ton, only require 90 seconds to fully open.

Les quatre murs hydrauliques, qui pèsent chacun une tonne, se déploient en à peine 90 secondes.

De 4 hydraulische muren, die elk een ton wegen, hebben amper 90 seconden nodig om zich volledig te openen.

ILLY'S PUSH BUTTON HOUSE BAR – WWW.ILLY.COM/WPS/WCM/CONNECT/US/ILLY/ART/PROJECT/PUSH-BUTTON-HOUSE/

ARCHITECTURAL
PAVILION ^{UK}

Ready, set, go

"A different bar every year" seems to be the motto at the Serpentine Gallery. Since 2000, this London art gallery has given an internationally renowned architect the task of rebuilding a structure that will serve as an events space and a bar during the summer. Director Julia Peyton-Jones gives designers just one guideline: "Be ambitious". And they are. So that in previous years visitors relaxed under Zaha Hadid's tent structure, were amazed by Daniel Liebeskind's origami idea, enjoyed Toyo Ito's cube creation, observed the partially underground design by Oscar Niemeyer, relaxed under Alvaro Siza's honeycomb structure, expressed their admiration for Rem Koolhaas' helium construction and had a drink underneath the spinning ceiling designed by Olafur Eliasson and Kjetil Thorsen.

"Chaque année un autre bar". Tel semble être le mot d'ordre de la Serpentine Gallery. Depuis 2000, cette galerie d'art londonienne confie à un architecte de renommée internationale la mission de construire une nouvelle structure servant de bar durant l'été et d'espace événementiel. Sa directrice, Julia Peyton-Jones, ne leur donne qu'une seul consigne : "Soyez ambitieux". Et ils le sont. Les visiteurs des années précédentes ont pu se détendre dans la tente de Zaha Hadid, s'émerveiller de l'origami de Daniel Liebeskind, profiter de la création cubique de Toyo Ito, regarder au travers de l'objet partiellement enterré d'Oscar Niemeyer, se remettre sous la structure alvéolaire d'Alvaro Siza, s'étonner de la construction à l'hélium de Rem Koolhaas et se désaltérer sous le toit tournant de Olafur Eliasson et Kjetil Thorsen.

"Ieder jaar een andere bar" lijkt het motto van de Serpentine Gallery. Sinds 2000 geeft deze Londense kunstgalerie elk jaar een internationaal erkende architect de opdracht om een vernieuwende structuur te bouwen die tijdens de zomer dienst kan doen als evenementenruimte en bar. Directeur Julia Peyton-Jones geeft de ontwerpers slechts 1 richtlijn mee: "Wees ambitieus." En dat zijn ze. Zo konden de bezoekers de voorbije jaren uitrusten onder de tentstructuur van Zaha Hadid, zich verwonderen over het origami-idee van Daniel Liebeskind, genieten van de kubuscreatie van Toyo Ito, kijken naar het gedeeltelijk ondergrondse ontwerp van Oscar Niemeyer, bijkomen onder de raatstructuur van Alvaro Siza, zich bewonderend uitlaten over de heliumconstructie van Rem Koolhaas en iets drinken onder het draaiende dak van Olafur Eliasson en Kjetil Thorsen.

SERPENTINE GALLERY PAVILION – KENSINGTON GARDENS, HYDE PARK, LONDON W2 3XA, UNITED KINGDOM - +44 (0)20 7402 6075 - WWW.SERPENTINEGALLERY.ORG

Every year the Pavilion receives 250,000 visitors. A Frank Gehry creation is planned for the summer of 2008.

Le Pavillon accueille chaque année 250 000 personnes. Durant l'été 2008, c'est une création de Frank Gehry qui est programmée.

Het Pavilion krijgt jaarlijks 250.000 gasten te verwerken. In de zomer van 2008 staat een creatie van Frank Gehry op het programma.

INFLATABLE
PUB ^{UK}

The portable pub

"If you can't get to the pub, then the pub will come to you", must have been what the people at Airquee thought when they launched the portable pub in 2004. The days when it seemed like there was never a pub in the area when you really needed one are now well and truly over. For those who are crazy about a drink when appropriate, can take their own inflatable pub with them where ever they go, including fake stone walls and a tiled roof. With its handy 7 by 15 metre format, this temporary roof for travelling alcoholics (and their 30 to 70 best friends) can, with the help of 2 pumps, be inflated in around 10 minutes. A strong aluminium frame can be used to mount speakers, plasma screens or a disco ball and also serves as security, in case one the guests is really bad at darts.

"Si tu ne peux pas aller au pub, le pub viendra à toi". C'est ce qu'ont du penser les fondateurs d'*Airquee* lorsqu'ils lancèrent le pub portable, en 2004. Fini le temps où l'on pensait qu'il n'y aurait jamais de café dans les environs. Pour avoir son verre en temps et en heure, on peut emmener son propre pub gonflable partout avec soi, murs de pierre et toit de tuiles inclus. Son format pratique de 7 mètres sur 15 permet à cet abri provisoire pour alcooliques ambulants (et 30 à 70 de leurs amis) d'être gonflé en 10 minutes. Un cadre en aluminium peut être utilisé comme tribune, pour suspendre des écrans plasma, une boule à facettes et servir de garde-fou, au cas où l'un des convives se révèlerait maladroit aux fléchettes.

"Als jij niet naar de pub kan gaan, zal de pub naar jou toe komen", moeten de mensen van Airquee gedacht hebben toen ze in 2004 de draagbare pub lanceerden. De dagen dat het leek alsof er nooit een café in de buurt was als je het echt nodig had, zijn nu dan ook definitief voorbij. Wie echt gebrand is op zijn drankje op tijd en stond, kan zijn eigen opblaasbare pub overal mee naartoe nemen, inclusief nepstenen muren en pannen dak. Met zijn handige formaat van 7 op 15 meter kan dit tijdelijke onderdak voor de rondtrekkende alcoholicus (en zijn 30 tot 70 beste vrienden) met behulp van 2 pompjes in ongeveer 10 minuten tijd opgeblazen worden. Een stevig aluminium frame kan gebruikt worden om boxen, plasmaschermen of een discobal aan op te hangen en dient meteen ook als beveiliging voor het geval een van je gasten echt slecht is in *darts*.

The idea came when Airquee created an inflatable church and someone remarked that they should also make something to make the other half of the population happy.

L'idée est née à l'époque où Airquee avait créé une église gonflable. Quelqu'un a fait remarquer qu'ils devaient faire quelque chose pour contenter l'autre moitié de la population.

Het idee ontstond toen Airquee een opblaasbare kerk had gecreëerd en iemand opmerkte dat ze nu ook wel eens iets mochten doen om de andere helft van de bevolking blij te maken.

THE PORTABLE PUB BY AIRQUEE LTD. – Unit 2A, Barton Hill Trading Estate, Barton Hill, Bristol, BS5 9RD, United Kingdom - +44 1179 414 918 - info@airquee.co.uk - www.airquee.co.uk/pub

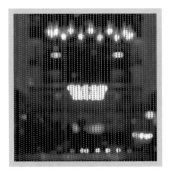

WHARF WAREHOUSE BAR

Cocktails on the water

A shipyard founded in 1915, where once wool used to be stored and where troops assembled during both world wars, is now the Australian jet set's favourite haven. Woolloomooloo Wharf, measuring 410 by 64 metres is the largest wooden pole construction in the world, consisting of 2 buildings linked by a covered walkway. It was transformed in the early 1990s into a fashionable complex with super deluxe loft apartments, trendy restaurants and the Blue Hotel, the Wharf also houses Sydney's most dramatic bar, the Water Bar. In this ultra long hotel lounge, designer Cate Young created a look that she describes as "spilt light", a theme inspired by the moonlit waters of the Wharf that is captured in the Swarovski crystal curtains, black lacquered surfaces, silver seating and black mirrors.

Un chantier naval de 1915, où on entreposait autrefois la laine et où se sont rassemblées les troupes durant l'entre deux guerres, est devenu le refuge favori de la jet set australienne. *Woolloomooloo Wharf*, qui mesure 410 mètres sur 64 est la plus grande construction sur pilotis d'acier du monde. Deux bâtiments reliés entre eux par un passage couvert ont été transformés, au début des années 90, en un complexe à la mode, comprenant des lofts luxueux, des restaurants tendance et le *Blue Hotel*. Le *Wharf* abrite également le bar le plus spectaculaire de Sydney, le *Water Bar*. Dans ce lounge d'hôtel tout en longueur, la créatrice Cate Young a imaginé ce qu'elle-même décrit comme "une éclaboussure de lumière", un thème inspiré par les eaux du *Wharf* au clair de lune. La lumière est reflétée par les rideaux en cristal Swarovski, les surfaces laquées, les fauteuils argentés et les miroirs noirs.

Een scheepswerf uit 1915, waar ooit wol opgeslagen werd en troepen zich verzamelden tijdens de 2 wereldoorlogen, is nu het favoriete toevluchtsoord van de Australische jetset. Woolloomooloo Wharf, met zijn afmetingen van 410 op 64 meter de grootste getimmerde paalconstructie ter wereld, bestaat uit 2 gebouwen die met elkaar verbonden zijn door een overdekte weg. Begin 1990 omgetoverd in een modieus complex met superdeluxe loftwoningen, trendy restaurants en het Blue Hotel, biedt de Wharf ook onderdak aan Sydney's meest dramatische bar, de Water Bar. In deze ultralange hotellounge creëerde ontwerpster Cate Young een look die ze zelf omschrijft als "gemorst licht", een thema geïnspireerd op de door maanlicht verlichte wateren van de Wharf, dat doorgetrokken wordt in de gordijnen van Swarovski kristallen, zwartgelakte oppervlakken, zilveren zetels en zwarte spiegels.

WATER BAR – BLUE A TAJ HOTEL, THE WHARF AT WOOLLOOMOOLOO, 6 COWPER WHARF ROAD, SYDNEY, NSW 2011, AUSTRALIA - (61 2) 9331 9000 - BLUE.SYDNEY@TAJHOTELS.COM - WWW.TAJHOTELS.COM

Discrete niches, separated from each other
by perforated screens, create different
zones within the open space of the bar.

*Des niches discrètes, séparées par des
écrans ajourés, délimitent différentes
zones à l'intérieur de l'espace ouvert du
bar.*

*Discrete nissen, van elkaar afgescheiden
door geperforeerde schermen, creëren
verschillende zones binnen de open ruimte
van de bar.*

INFLATABLE BAR ^{UK}

Blowing in the wind

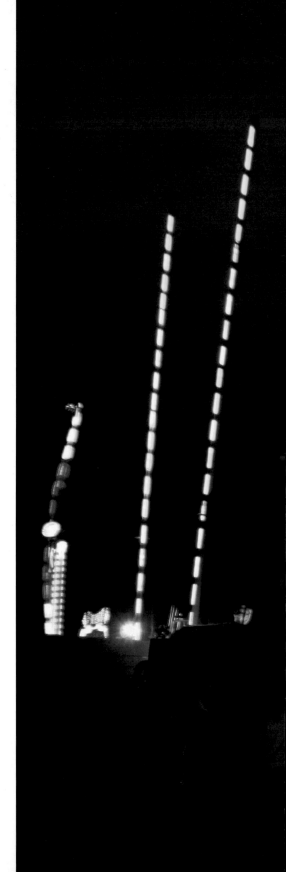

The British company Inflate took the world by storm with Office in a Bucket, an inflatable office that can be carried around in a bucket and set up in only a few minutes. Ideal for those people who are fed up with their boring office environment or are tired of looking at their colleagues' faces. Since then, it has expanded into an internationally renowned company. Inflate is also regularly requested to create inflatable bars. In 2006 they designed a bar for Smirnoff Cube, with music and chill out zones to promote the brand at summer festivals. The criteria were simple, the design must be cool, dynamic, wind and water tight and be able to accommodate 300 guests. The design, shaped like an ice cube, not only fulfilled these criteria but also achieved the desired aim: everyone enjoyed themselves and got drunk quickly. Now those are great aims!

La firme britannique *Inflate* a conquis le monde avec *Office in a Bucket*, un bureau gonflable qui s'emporte dans un seau et s'installe en quelques minutes. Idéal pour celui qui s'ennuie à mourir dans un open space et n'en peut plus de voir le visage de ses collègues. Devenue une entreprise de renommée internationale, *Inflate* se voit aujourd'hui régulièrement demander de créer un bar gonflable. C'est ainsi qu'elle a imaginé, en 2006, le *Smirnoff Cube*. Un bar destiné à la promotion durant les festivals d'été, et comprenant une zone de musique et de détente. Les critères étaient simples : la réalisation devait être cool, dynamique, imperméable au vent et à la pluie et capable d'accueillir 300 personnes. En forme de glaçon, l'objet n'a pas seulement rempli tous ces critères mais a également atteint son but : divertir et saouler. En voilà des objectifs...

Het Britse bedrijf Inflate veroverde de wereld met Office in a Bucket, een opblaasbaar kantoortje dat meegenomen kon worden in een emmer en in enkele minuten tijd opgezet kon worden. Ideaal voor wie zijn saaie plekje in het landschapsbureau -of de gezichten van zijn collega's- beu was. Intussen uitgegroeid tot een wereldwijd gekend bedrijf, krijgt Inflate ook geregeld de opdracht om een opblaasbare bar te creëren. Zo ontwierpen zij in 2006 de Smirnoff Cube, een bar met muziek- en chill-outzone voor promotie op zomerfestivals. De criteria waren simpel: het ontwerp moest cool, dynamisch, wind- en waterdicht zijn, en 300 gasten kunnen herbergen. Het ontwerp in de vorm van een ijsblokje voldeed niet alleen aan de criteria, maar bereikte ook het beoogde doel: iedereen amuseerde zich en werd snel dronken. Dàt zijn nog eens doelen...

INFLATE PRODUCTS LTD – 1 HELMSLEY PLACE, LONDON E8 3DB, UNITED KINGDOM - +44 (0)20 7249 3034 - INFO@INFLATE.CO.UK - WWW.INFLATE.CO.UK

The Luna Bar is portable as well as quick and easy to install. It can be rented or bought and can also be personalised according to your wishes.

Le Luna Bar est un bar portable, facile et rapide à installer. A vendre ou à louer, il peut être personnalisé.

De Luna Bar is een draagbare, makkelijk en snel te installeren bar. Ze wordt verhuurd en verkocht en kan desgewenst gepersonaliseerd worden.

This bar was created for the London trade fair BAR.08 in June 2008. Red Bull Simply Cola was presented to the public there for the first time.

Ce bar a été créé pour une foire londonienne BAR.08, en juin 2008. Red Bull Simply Cola y a été présenté au public pour la première fois.

Deze bar werd gecreëerd voor de Londense beurs BAR.08 in juni 2008. Red Bull Simply Cola werd er voor het eerst aan het publiek voorgesteld.

EPILOGUE

Until recently, the most important criteria for a good bar or club were that the drinks had to flow freely, the atmosphere had to be good and the music be pleasing to the ear; these days there's much more to consider. This has a lot to do with the fact that today's consumer has become experienced and demanding. Thanks to years of self-tuition in hyper-consumption and the enormous influence exerted by information sources like the internet, they have a long list of expectations that they apply to each product, service and experience that is offered to them. They are able to search for precisely that which they have in mind, they are able to form an opinion without having to rely on advertising and they know which level of quality they can reasonably expect for which price. Indeed, they aim for the best they can get for their money.

In the business world, there is no other sector as innovative and transitory as the nightlife scene. New pubs and clubs pop up overnight and a place that was still hot yesterday can be totally passé by tomorrow. Those who want a head start on the competition had better come up with something original. The bars, cafés, clubs and pubs in this book are famous for their originality. They have chosen a striking interior or exterior, high amusement value or a unique type of service and in doing so have been assured a very interested public. Yet many more great examples of unusual nightlife opportunities do exist that we'd like to share with you. Some weren't photogenic enough to include in this book, others had closed down long before we began our research. Yet, in our opinion, they still deserve a mention in Extreme Bars.

So Japan is unquestionably a world leader when it comes to bizarre themed cafés and clubs. Whatever crazy thing you can think of, Japan has got it: from chamber maid bars, vampire cafés and prison pubs, to ninja cafés, submarine pubs and butler cafés, as well as a whole chain of Christian clubs (with décor reminiscent of a church). You can even find a genuine Luther Vandross bar (completely and utterly devoted to the man's music), a spectacles café (where all the barmen wear glasses), an office bar (for those who can't get enough of the swinging atmosphere at work), an Alice in Wonderland café, a 300 bar (where every drink costs 300 Yen) and a shark bar (where you enjoy your drink sitting on top of an acrylic tank with two sharks swimming inside)...

Un club ou bar digne de ce nom se devait jusqu'à présent de proposer un débit rapide, une bonne atmosphère et une musique agréable. Mais aujourd'hui il en offre davantage. Ceci s'explique par des attentes toujours plus pointues des consommateurs en matière d'expérience. Grâce à l'hyperconsommation et la multiplication des canaux d'information, il a allongé sa liste de critères, l'a adaptée à chaque produit, service et expérience qui lui sont proposé. Il est en mesure de chercher ce qui lui convient vraiment, se former une opinion sans publicité préalable, et sait quelle qualité il peut attendre et à quel prix. Son choix se porte naturellement sur ce qu'il peut obtenir de mieux pour son budget.

Dans le monde des affaires, aucun secteur n'a été autant changeant et éphémère que celui des sorties. De nouveaux cafés et clubs poussent comme des champignons et les endroits qui hier encore pouvaient être branchés seront peut être complètement *has been* demain. Pour prendre de l'avance sur la concurrence, mieux vaut être original. Les bars, cafés, clubs et pubs recensés dans ce livre sont réputés pour leur originalité. Ils ont opté pour un intérieur ou un extérieur unique en leur genre, un divertissement de grande valeur ou un service exemplaire et se sont par là même assuré d'intéresser un large public. Mais il existe de nombreux autres exemples d'endroit originaux que nous aimerions encore partager avec vous. Certains n'étaient pas assez photogéniques pour être présentés dans ce livre, d'autres avaient fermé leurs portes lorsque nous avons entamé nos recherches. Et pourtant, ils méritent d'être mentionnés dans *Extreme Bars*.

Le Japon est incontestablement leader en matière de cafés et clubs à thèmes inhabituels. Tout ce que vous pouvez imaginer de plus fou, le Japon l'a développé : des bars à soubrettes, cafés de vampires, bistrots prison, cafés ninjas, pubs sous-marins, cafés majordomes, en passant par toute une chaîne de clubs au décor évoquant une église. On y trouve même un bar Luther Vandross (uniquement dédié à sa musique), un café à lunettes (où tous les serveurs portent des lunettes), un bar-bureau (destiné à ceux qui n'en n'ont pas assez de l'atmosphère au travail), un café Alice au Pays des Merveilles, un 300 Bar (chaque consommation y coûte 300$) et un bar à requins (on profite de son verre, assis sur un réservoir en acrylique où nagent deux requins)...

Waren de belangrijkste criteria voor een goeie bar of club tot voor kort dat de drank gul moest vloeien, de sfeer goed moest zitten en de muziek lekker in de oren moest klinken; tegenwoordig komt er heel wat meer bij kijken. Dat heeft veel te maken met het feit dat de consument van vandaag ervaren en veeleisend is geworden. Dankzij jarenlange zelf-studie in de hyperconsumptie en een enorme toevloed aan informatiebronnen zoals het internet heeft hij een lange lijst met verwachtingen gekregen, die hij toepast op elk product, dienst en ervaring die te koop wordt aangeboden. Hij is in staat om op zoek te gaan naar precies datgene wat hij voor ogen heeft, hij kan zich zelf een mening te vormen zonder voort te moeten gaan op reclame, en hij weet welke kwaliteit hij redelijkerwijs kan verwachten voor welke prijs. En uiteraard mikt hij op het beste dat hij voor zijn geld kan krijgen.

In de bedrijvenwereld is er geen enkele sector die zo vernieuwend én vergankelijk is als de uitgaansscène. Nieuwe kroegen en clubs schieten als paddenstoelen uit de grond, en een zaak die gisteren nog hot was, kan morgen helemaal passé zijn. Wie een voorsprong wil nemen op de concurrentie, kan dus maar beter origineel uit de hoek komen. De bars, cafés, clubs en pubs in dit boek zijn vermaard voor hun originaliteit. Zij hebben gekozen voor een opvallend in- of exterieur, een hoge amusementswaarde of een unieke dienstverlening, en hebben zich op die manier verzekerd van een groot geïnteresseerd publiek. Maar uiteraard bestaan er nog veel meer leuke voorbeelden van ongewone uitgaansgelegenheden, waarvan we er hier graag enkele met jullie delen. Sommige waren niet fotogeniek genoeg voor opname in dit boek, andere hadden hun deuren allang gesloten toen wij aan onze research begonnen. Toch verdienen ze ons inziens een vermelding in Extreme Bars.

Zo is Japan ontegensprekelijk de wereldleider als het aankomt op bizarre themacafés en -clubs. Je kan het zo gek niet bedenken, of Japan heeft het: van kamermeisjesbars, vampierencafés en gevangeniskroegen, over ninjacafés, duikbootpubs en butlercafés, tot een hele keten christelijke clubs (met een decor dat doet denken aan een kerk). Je vindt er zelfs een heus Luther Vandross-bar (enkel en alleen gewijd aan 's mans muziek), een brilcafé (waar alle barmannen een bril dragen), een kantoorbar (voor wie maar niet genoeg kan krijgen van de swingende sfeer op het werk), een Alice in Wonderland-café, een 300 Bar (waar elk drankje 300 yen

The United States also puts up a good show when it comes to unique entertainment. Like the former Babyland bar in New York with its interior filled with vintage toys and cradles, where naked Barbie dolls tied to the ceiling fans would spin while (alcoholic) drinks were served in baby bottles. Barmacy was going for a mixture of bar and pharmacy, Burp Castle is a "Temple of Beer Worship", the décor in Steven Spielberg's Dive! bar in Los Angeles was inspired by a submarine, David Copperfield's Magic Underground did indeed have something to do with illusion and Mars 2112 is devoted to the extraterrestrial.

And you also have plenty of choice when it comes to an original night out in Europe. Like in Paris where you can do your washing and quench your thirst at Le Wash Bar, ordering in Berlin is entirely unnecessary at the Automaten Bar that is completely fitted out with drink and snack machines, and the Iglo Light Bar in Stockholm provides coffee and light therapy during the Scandinavian winter months. For those who consider that small beer can go straight to London's St. Pancras Station for Europe's longest champagne bar, can speculate on the drinks market in various pubs and clubs thanks to software provided by the British company BarStock or can party with 9,999 other people at Privilege the world's largest nightclub in Ibiza.

Are you now in the mood for a pleasantly disturbed night out? With this book and your passport in your bag, amazing evenings are guaranteed!

Les Etats-Unis ne sont pas en reste dans le domaine du divertissement. L'intérieur du bar new-yorkais Babyland est ainsi décoré de jouets anciens, de lits d'enfants et de Barbies déshabillées attachées à des ventilateurs, tandis que les boissons fortes étaient servies dans des biberons. Barmacy entendait mélanger un bar et une pharmacie. Burp Castle est un Temple of Beer Worship (temple d'adoration à la bière) et le décor du Dive!-bar de Steven Spielberg à Los Angeles était inspiré d'un sous-marin. Le David Copperfields Magic Underground était en rapport avec l'illusion, et Mars 2112 est dédié à l'extra-terrestre.

En Europe aussi, on a le choix. A Paris, le Wash Bar accueille notre lessive sale et étanche notre soif. A l'Automaten Bar de Berlin, on passait directement commande à un distributeur de snacks et de boissons. A Stockholm, l'Iglo Light Bar propose du café accompagné de luminothérapie, durant les longs mois d'hiver. Ceux qui considèrent cela comme de la petite bière peuvent se rendre à la station londonienne de St.-Pancras où se trouve le bar à champagne le plus long d'Europe, ou spéculer sur une bourse des boissons dans divers bars et clubs grâce au logiciel de la firme britannique BarStock. Ou encore, se rendre à Ibiza, en compagnie de 9 999 autres personnes dans la plus grande boite de nuit du monde, le Privilege.

Avez-vous déjà éprouvé l'envie d'une petite soirée déjantée? Muni de ce livre et de votre passeport, vous êtes assuré de vivre des nuits surprenantes.

kost) en een haaienbar (waar je van je drankje geniet, gezeten bovenop een acryl tank met daarin 2 levende haaien)...

Ook de Verenigde Staten laten zich niet onbetuigd wanneer het aankomt op uniek vertier. Zo bestond het interieur van de vroegere Newyorkse bar Babyland uit vintage speelgoed, kinderbedjes en naakte Barbies die vastgebonden aan ventilatoren rondjes draaiden, terwijl de (sterke) dranken geschonken werden in kinderflesjes. Barmacy wilde een mengeling zijn tussen een bar en een apotheker, Burp Castle is een "Temple of Beer Worship" (tempel ter verering van het bier), het decor van Steven Spielbergs Dive!-bar in Los Angeles was geinspireerd op een onderzeeboot, David Copperfields Magic Underground had uiteraard te maken met illusies, en Mars 2112 is gewijd aan het buitenaardse.

En ook in Europa heb je keuze te over voor een origineel avondje uit. Zo kan je in Parijs zowel met je vuile was als met je dorst terecht in Le Wash Bar, was bestellen in Berlijn geheel overbodig dankzij de volledig met snack- en drankjesautomaten uitgeruste Automaten Bar, en zorgt de Iglo Light Bar in Stockholm tijdens de donkere Scandinavische wintermaanden voor koffie mét lichttherapie. Wie dat maar klein bier vindt, kan in het Londense St.-Pancras-station terecht voor Europa's langste champagnebar, kan in diverse kroegen en clubs speculeren op de drankjesbeurs dankzij de software van het Britse bedrijf BarStock, of kan in Ibiza samen met 9.999 anderen meefeesten in 's werelds grootste nachtclub, Privilege.

Heb je al zin gekregen in een prettig gestoord avondje uit? Met dit boek in de hand en je paspoort in je zak zijn verrassende nachten gegarandeerd!

ACKNOWLEDGEMENTS

360°
Photos © Günter Richard Wett
Design © Dominique Perrault Architecture,
Paris, France - www.perraultarchitecte.com

ABSOLUT ICEBARS
Photos © ABSOLUT ICEBAR - Peter Kindersley
(London), Big Ben (Jukkasjärvi)
Interior Design © ABSOLUT ICEBAR www.abso-
luticebar.com

ADAGIO
Photos © Adagio
www.adagio.de

ATRIUM LOBBY LOUNGE & BAR
Photos © Radisson SAS Hotel Berlin

B018
Photos © DW5 / Bernard Khoury
Design © DW5 / Bernard Khoury, Beirut,
Lebanon - www.bernardkhoury.com

BAOBAB TREE BAR
Photos © The Big Baobab

BEAUTY BAR
Photos © Beauty Bar

CAFE SCIFI+TIQUE
Photos © Kazuo Kawamura
Conceptual design © Cafe Scifi+tique

CANALHOUSE
Photos © Canalhouse -
Castle Rock Brewery

CHAMPAGNEBAR LAURENT PERRIER
Photos © www.laurent-perrier.com

CLOUD 9
Photos © Grand Hyatt Shanghai

COCOON CLUB
Photos © Cocoon Club / Angela Raab /
Stephàn Schramm
Interior design © 3deluxe Transdisciplinary
Design - www.3deluxe.de

COFFEELOVERS IN BOEKHANDEL
SELEXYZ DOMINICANEN
Photos © Roos Aldershof,
www.roosaldershof.nl
Interior design © Merkx + Girod Architecten,
Amsterdam, The Netherlands
www.merkx-girod.nl

COVA D'EN XOROI
Photos © C&C Fotògrafs

DE SAPPENTRAPPER
Photos © Kurt Deruyter
Design © Piet Hemerijckx,
De Klopperij, Antwerp, Belgium -
marketing Ewoud Monbaliu,
Big Bazart, Brussels, Belgium

DIE BLAUE CARO * KITCHEN CLUB
Photos © Sebastien Meunier,
Sabine Teuscher
Design © And Off (Thorsten Blatter,
Andreas Blödow, Georg Schmidthals),
Stuttgart/Brussels, Germany/Belgium -
www.and-off.com

ES PARADIS
Photos © Es Paradis - www.esparadis.com
Design © Lluis Güell & Pepe Aguirre

ILLY PUSH BUTTON HOUSE BAR
Photos © Illymind at Venice Biennale
photo by Luca Campigotto / Evan Sung
and Sarah Jaye Weiss
Design © Adam Kalkin

JAMEOS DEL AGUA
Photos: Pedro Martínez de Albornoz
© Archivo Fundación César Manrique
Design © César Manrique

JICOO THE FLOATING BAR
Photos © Leji Matsumoto, Kankokisen Inc
Design © Leiji Matsumoto

KOROVA MILK BAR
Photos © Adam Chinitz - Korovamilkbar.com

KUBIK
Photos © Frank Schöpken / Robert Ostmann
/ Robin Thomas / Balestra Berlin / Gergo
Somogyvari
Design © Balestra Berlin, Berlin, Germany -
www.balestraberlin.com

MAYDAY BAR
Photos © Angelo Kaunat/Red Bull Photofiles -
christianblack.com/Red Bull Photofiles -
Darren Jacklin/Red Bull Photofiles - Carolin
Knabbe/Red Bull Photofiles - Darren
Jacklin/Red Bull Photofiles
Design © Atelier Volkmar Burgstaller,
Salzburg, Austria -
http://www.burgstaller-arch.at/

MINISCULE OF SOUND
Photos © Minuscule of Sound / John Brophy
Conceptual design © Minuscule of Sound

MUR ISLAND / AIOLA ISLAND
Photos courtesy Acconci Studio / Harry
Schiffer / Elvira Klamminger
Design © Acconi Studio, New York, USA -
www.acconci.com

PASSAGE CLUB
Photos © Alexander Koller
Interior design © Söhne & Partner architects,
Vienna, Austria - www.soehnepartner.com
(Lightconcept: Designbüro Christian Ploderer -
Mechanical design: Thermoprojekt - Electrical
design: TIB Altphart - Sound System: Friendlyhouse)

PUBCRAWLER CYCLING BAR
Photos © www.pubcrawler.uk.com
Design © Luke Roberson, London, England -
www.Pedibus.co.uk

RED SEA STAR
Photos © Albi Serfaty
Interior Design © Aqua Creations LTD,
Tel-Aviv, Israel - www.aquagallery.com

REMOTE LOUNGE
Photos © Jordan Parnass Digital Architecture
Design © Jordan Parnass Digital Architecture,
NY, USA - www.jpda.net

ROOMSERVICE
Photos © Roomservice
Interior design © Joey Horatio

SERPENTINE GALLERY PAVILLION
Photos © 2007 Luke Hayes Photography /
2007 John Offenbach / 2007 Richard Bryant /
2007 Stephen White / 2007 Hélène Binet /
Designs © Zaha Hadid, Daniel Liebeskind,
Toyo Ito with Arup, Oscar Niemeyer, Alvaro
Siza and Eduardo Souto de Moura, Rem
Koolhaasand Cecil Balmond with Arup, Olafur
Eliasson and Kjetil Thorsen

INFLATABLE BARS BY INFLATE
Photos © Inflate Products Ltd.
Designs © Inflate Products Ltd, Nick Crosbie,
www.inflate.co.uk / Mike Creative at Itch
(Smirnoff Ice Cube)

THE CLINIC
Photos © Alexander Sash
Interior design © Concrete Architectural

Associates, Amsterdam, The Netherlands -
www.concreteamsterdam.nl

THE LONDON EYE
Photos © The London Eye

THE MIDNIGHT RIDER
Photos © The Midnight Rider
Design © Irontree Coach & Carriage Works /
Pamela Bartholomew & Michael Machado /
Anza, CA, USA -pamela@themidnightrider.com /
mike@themidnightrider.com

THE PORTABLE PUB FROM AIRQUEE
Photos © Airquee Ltd.
Design © Airquee Ltd.

THE PUB - PILSNER UNIQUE BAR
Photos © Alexander Vacek
Design © Respect A

THE ROOF GARDENS
AT KENSINGTON HIGH STREET
Photos © The Roof Gardens at Kensington
High Street courtesy EdenCancan

THE WINE TOWER BAR
Photos © Radisson SAS Hotel London
Stansted Airport

THREESIXTY BAR
Photos © Jürgen Skarwan/Red Bull Photofiles
- ulrichgrill.com/Red Bull Photofiles - Martin
Fuchs/Red Bull Photofiles - flohagena.com/
Red Bull Photofiles - ulrichgrill.com/Red Bull
Photofiles - Ralph Richter/Red Bull Photofiles
Design © Atelier Volkmar Burgstaller, Salzburg,
Austria - http://www.burgstaller-arch.at/

TWENTYFOUR:LONDON
Photos © twentyfour:London courtesy
AOB Communications / Mindstorm
Interactive Surface Solutions
Design iWalls & iBar © Mindstorm Interactive
Surface Solutions, London, U.K. -
www.mindstorm.eu.com

ULTRA
Architects / Designers: Gustavo A. Penengo &
Phil Rossillo PR Design Group / www.prdg.net

WATER BAR
Photos © marcus clinton and Ashley
Mackevicius and Cate Young Design
Interior Design © Cate Young Design /
www.cyd.com.au